Zhongguo Wenhua
Zhishi Duben

中国文化知识读本

中国五十六个民族

主编

金开诚

吉林出版集团有限责任公司

吉林文史出版社

中国五十
六个民族

图书在版编目（CIP）数据

中国五十六个民族 / 金开诚著 . 一长春：吉林文
史出版社，2011.7（2022.1重印）
（中国文化知识读本）
ISBN 978-7-5472-0767-3

Ⅰ.①中… Ⅱ.①金… Ⅲ.①中华民族–介绍 Ⅳ.
① K28

中国版本图书馆 CIP 数据核字（2011）第 145861 号

中国五十六个民族

ZHONGGUO WUSHILIU GE MINZU

主编/ 金开诚

项目负责/崔博华　责任编辑/崔博华

装帧设计/李岩冰　张红霞

出版发行/吉林文史出版社　吉林出版集团有限责任公司

地址/长春市人民大街4646号　邮编/130021

电话/0431-86037503　传真/0431-86037589

印刷/三河市金兆印刷装订有限公司

版次/2011 年 7 月第 1 版　2022 年 1 月第 6 次印刷

开本/640mm×920mm　1/16

印张/9　字数/100千

书号/ ISBN 978-7-5472-0767-3

定价/34.80元

关于《中国文化知识读本》

文化是一种社会现象，是人类物质文明和精神文明有机融合的产物；同时又是一种历史现象，是社会的历史沉积。当今世界，随着经济全球化进程的加快，人们也越来越重视本民族的文化。我们只有加强对本民族文化的继承和创新，才能更好地弘扬民族精神，增强民族凝聚力。历史经验告诉我们，任何一个民族要想屹立于世界民族之林，必须具有自尊、自信、自强的民族意识。文化是维系一个民族生存和发展的强大动力。一个民族的存在依赖文化，文化的解体就是一个民族的消亡。

随着我国综合国力的日益强大，广大民众对重塑民族自尊心和自豪感的愿望日益迫切。作为民族大家庭中的一员，将源远流长、博大精深的中国文化继承并传播给广大群众，特别是青年一代，是我们出版人义不容辞的责任。

《中国文化知识读本》是由吉林出版集团有限责任公司和吉林文史出版社组织国内知名专家学者编写的一套旨在传播中华五千年优秀传统文化，提高全民文化修养的大型知识读本。该书在深入挖掘和整理中华优秀传统文化成果的同时，结合社会发展，注入了时代精神。书中优美生动的文字、简明通俗的语言、图文并茂的形式，把中国文化中的物态文化、制度文化、行为文化、精神文化等知识要点全面展示给读者。点点滴滴的文化知识仿佛繁星，组成了灿烂辉煌的中国文化的天穹。

希望本书能为弘扬中华五千年优秀传统文化、增强各民族团结、构建社会主义和谐社会尽一份绵薄之力，也坚信我们的中华民族一定能够早日实现伟大复兴！

目录

一、汉族   001   十二、东乡族   027

二、阿昌族   003   十三、独龙族   029

三、白族   005   十四、鄂伦春族   032

四、保安族   008   十五、俄罗斯族   034

五、布朗族   010   十六、鄂温克族   036

六、布依族   012   十七、高山族   039

七、朝鲜族   015   十八、仡佬族   040

八、达斡尔族   017   十九、哈尼族   043

九、傣族   020   二十、哈萨克族   045

十、德昂族   022   二十一、赫哲族   047

十一、侗族   024   二十二、回族   050

二十三、基诺族	052	四十一、撒拉族	096
二十四、京族	055	四十二、畲族	098
二十五、景颇族	057	四十三、水族	100
二十六、柯尔克孜族	059	四十四、塔吉克族	103
二十七、拉祜族	062	四十五、塔塔尔族	105
二十八、黎族	064	四十六、土族	108
二十九、傈僳族	067	四十七、土家族	110
三十、珞巴族	069	四十八、佤族	113
二十一、满族	071	四十九、维吾尔族	115
三十二、毛南族	073	五十、乌孜别克族	118
三十三、门巴族	076	五十一、锡伯族	121
三十四、蒙古族	078	五十二、瑶族	123
三十五、苗族	081	五十三、彝族	126
三十六、仫佬族	083	五十四、裕固族	129
三十七、纳西族	086	五十五、藏族	131
三十八、怒族	088	五十六、壮族	134
三十九、普米族	091		
四十、羌族	093		

一、汉族

汉族是中国的主要民族，是中国五十六个民族中人口最多的民族，也是现今世界上人口最多的民族。汉族的足迹遍布世界各地，中华大地分布最多。

正如我们常说"华夏子孙"一样，汉族是由古代的"华夏族"发展而来的。黄河是祖国的母亲河，是她孕育了中华民族的文明，也是她哺育了汉族的先民。公元前5000年左右，汉族的主体华夏族就是在黄河流域起源的。华夏族起源后逐渐发展进入了新石器时期，并先后经历了母系氏族和父系氏族公社阶段。公元前2700年，今陕西中部地区活动着一个姬姓部落，它的首领是黄帝。这个部落的南面还有一个姜姓部落，它的首领是炎帝。两个部落经常发生摩擦，最后在阪泉之战中，黄帝打败了炎帝，之后两个部落结为联盟，并攻占了周边各个部落，华夏族的前身由此产生。因此今天我们就自称为"炎黄子孙"。

汉族的语言通称汉语，属于汉藏语系，是世界上历史最悠久、最丰富的语言之一。汉族除了有民族共同语，还有方言。民族共同语就是一个民族通用的语言。汉族的文字——汉字是最古老的文字之一。今天能认读的最早的汉字是三千多年前的甲骨文，随后它的发展变化经历了金文、篆体、隶书、楷书、行书等发展阶段，演变成了今天的方块字。今天的汉字有四万个以上的单字，常用的有七千字左右，有正体字和简化字两种书写方式，是国际通用文字之一。尽管汉语方言复杂繁多，但是汉字高度统一，这对汉族具有强大的内聚作用。

汉服，又称为汉装、华服，指从传说时代到明朝汉民族所穿的服装。汉服是世界上历史最古老的民族服饰之一。从炎黄时代起，汉服就已经具备了雏形，到了汉朝得到了全面完善并普及，汉服也由此得名。汉服的基本特征是交领、右衽、束腰、系带、宽袖，又以盘领、直领等为其进行有益的补充。从形制上看，主要有"上衣下裳"制（裳在古代指下裙）、"深衣"制〈把上衣下裳缝连起来〉、"襦裙"制（襦即短衣）等类型。其中，上衣下裳的冕服为帝王百官最隆重正式的礼服；袍服深衣）为百官及士人常服，襦裙则为妇女喜爱的穿着。普通劳动人民一般上身着短衣，下穿长裤。汉服的基本款式大约有九类，在基本款式下又因其领口、袖型、束腰、裁剪方式等不同变化演绎出几百种款式。

到了清朝时，统治者为了稳固统治，下令全国剃发易服，使得汉服逐渐消失。在经历清朝两百多年的统治后，汉族成了世界上唯一没有自己民族服装的古老民族。辛亥革命后，人们改穿西式服装，没有恢复汉服。

汉族的日常菜肴分为素菜、荤菜。素菜指各种蔬菜和植物蛋白制品，荤菜指鱼、肉等动物蛋白制品。汉族的菜肴因分布地域的不同，又各有千秋。人们常把汉族和其他民族的食俗口味笼统地概括为"南甜、北咸、东辣、西酸"。汉族还以讲究并善于烹饪食物而闻名，有川、粤、闽、徽、鲁、湘、浙、苏八大菜系，不同地区的汉族以炒、烧、煎、煮、炸、蒸、烤和凉拌等烹饪方式，形成了不同的地方风味，汇成丰富多彩的汉族饮食文化。

汉族节日食品是丰富多样的，如过年时，北方家家户户食用的饺子，江南各地的年糕，开春时食用的春饼、春卷，正月十五的元宵，寒食节的冷食，农历二月二日吃猪头肉、咬蚕豆，尝新节吃新谷，端午节的粽子，腊八节的"腊八粥"，结婚时的红枣、喜蛋、长面，祝寿宴的寿桃、寿糕等具有特殊内涵的食俗，千百年来传承不衰。

　　汉族的传统住房多是因地制宜，比如居住在华北平原的汉族，其传统住房多为砖木结构的平房，院落多为四合院式，以北京四合院为代表；居住在东北的汉族，他们的房屋墙壁和屋顶一般都很厚实，主要是为了保暖；居住在陕北的汉族，则根据黄土高原土层厚实、地下水位低的特点挖窑洞为住房，窑洞不仅冬暖夏凉，而且不占耕地面积；居住在南方的汉族，其传统住房以木建房为主，讲究飞檐重阁。

二、阿昌族

　　阿昌族在我国的云南省境内，他们的先祖过着"俗无丝纩""散漫山中无君长"的原始生活。他们有自己的语言，但没有文字。他们的语言属于汉藏语系藏缅语族缅语支，分为梁河、陇川、潞西三个方言区。

　　"衣皮服毡""织皮冠之"。世居云南的阿昌族古代服饰多与狩猎和游牧活动及高寒山区的自然生态相适应，从头上的帽子到身上的衣服，都曾经用猎物的皮做材料。随着时代的发展，明代以后，阿昌族服饰有了新的变化。男子顶髻戴竹兜鍪，以毛熊皮做装饰，用猪牙鸡毛羽为顶饰。他们的衣服无领子、袖子，并且他们的兵器从不离身。这明显带有游猎特色的服饰，是古代阿昌族服饰的特色。

　　阿昌族的服饰发展到今天，我们可以看到他们的服饰简洁、朴素、美观，并且能够明显反映出阿昌族男女的婚姻状况，是否成婚，一看服饰就知道。

已婚妇女用黑布帕包头，层层缠绕高达三十多厘米，上覆黑布巾，此头饰称为"箭包"。穿窄袖对襟衣、长筒裙，裹绑腿，系银腰带，是已婚妇女特有的标志。未婚女子将长辫盘于头顶，包圆盘状头帕，饰鲜花绒球，不穿裙而穿青布长裤，夕卜系围腰。她们珍藏各种首饰，喜欢戴上大耳环、雕刻精致的大手镯、银项圈，还在胸前的四颗银纽扣上和腰间系挂上一条条长长的银链，走起路来银光闪闪，风采耀眼。

自酿的米酒和白酒是阿昌族喜欢的饮品。米酒度数大多较低，35度左右，口味清醇。这种酒采用"蒸馏法"酿制而成。即先把米淘净蒸熟后，倒在簸箕里搓匀放凉，再拌上酒曲盖好，待发酵后再装入缸内，放一周左右，连水加糟一起舀入专用的酒锅里，锅上放酒甑，甑中放一木槽，酒甑上再放一铁锅，锅内装冷水，加热待下面铁锅内的水滚涨后，上升的蒸气与上面的冷水锅相遇即凝结成水珠。水珠滴到酒甑内的木槽中又顺着槽流出。这就是制米酒的全过程。白酒用糯米做成，做法是将糯米泡开后蒸熟放凉，拌上甜酒曲待其发酵后即可食用。白酒香甜可口，生津解渴，是一种十分诱人的饮品。

阿昌族村一般依山傍水，居住形式大多为数十户人家同居一村，依山势布局，错落有致，房屋建筑"面东背西"。密集的房屋自然形成有规律的行列，行列间是纵横交错的石铺路和泥路"巷道"。房屋建筑大多为"一正两厢房"，瓦顶双斜面，土、木、石结构形式。正房有三间屋子，中间一间由门厅"屋门"和堂屋两部分组成。

阿昌族民间娱乐性的体育项目也很多，较有代表性的是"耍白象"。耍白象是一项阿昌族十分喜爱的活动，主要是在每年会街期间举行。先用木材做成骨架，竹篾编成身体，象身用白纸裱糊，青龙用蓝纸裱糊。象和龙身内成空心状，由人在内操纵。整个白象和真的象大小相同，虽然是纸布竹篾所制，但是也有一定的重量，很需要体力。鼻用布制成，肚内装有滑轮和绳子，其中共有四个人，由一人双手来回拉动，象鼻就会上7左右思起来。在象脚鼓、锣和钹的伴奏下，时而前进，时而后退，滑步，下跪，前倾，后仰。操纵滑轮的人一拉就是很长时间，很能锻炼臂力。耍白象是一种耗体力的运动，只有拥有好的身体和臂力，才能随心所欲地进行表演。常在各种节日和盛大仪式上表演。

阿昌人为使婚姻幸福美满，结婚时要扎一座漂亮的彩门，新郎还要举起心爱的阿昌刀，进行"开路"和"驱邪"的仪式。新婚的早晨，新娘随着陪娘、陪郎来到新郎家的门口，他们含笑钻出彩门，而紧跟在后的新郎却"刷"的一声抽出腰间的长刀，双目圆睁，威风凛凛，挥刀在空中划个漂亮的圆弧，左三刀，右三刀，护送新娘进彩门。进了彩门，小伙子又舞起大刀，围绕新娘四周砍斩削劈，象征着用武艺来驱除邪魔。雪亮的飞刀飞舞挑花，显示出新郎娴熟的动作套路，准确的砍路，说明小伙子平日苦练的功夫不弱。人们啧啧称赞，认为他今后一定有能力捍卫自己的幸福生活。

三、白族

驰名中外的大理风景秀丽、气候宜人，苍山终年白雪皑皑，洱海碧波荡漾。在这片美丽富饶的土地上，勤劳、勇敢的白族人民正向我们展示他们悠久的历史、多姿多彩的风土人情。

白族人民勤劳淳朴，崇尚白色，服饰以白色为尊贵，艳素相称，充分体现了白族在服饰方面的独特风格。

秦汉至南北朝时期，白族先民中以滇池为中心的滇人"头饰羽翎"。晋宁石寨山出土的青铜器舞蹈图像中，舞者全戴羽冠，顶插长翎，上身裸露，下身着兽皮羽毛带状裙。洱海地区，唐初白族先民之一的西洱蛮，"男子以毡皮为帔，女子绝布为裙，仍披毡皮之帔，头髻一盘而成形如髻。男女皆跣"。明清以来，白族服饰，一般来说，男子的服装大体相同，妇女的服饰则有地域差异。由于白族人民长期与汉族及其他少数民族人民亲密相处，文化交融，在服饰上也采用或吸收了其他民族的特点。住在大理等中心地区的白族，常爱穿着汉族的服装；住在彝、纳西、傈僳等民族聚居区的白族，其服饰也多与当地聚居民族的服饰相近。

白族男子的服饰，一般是头缠白色或蓝色的包头，身着白色的对襟衣和黑领褂，下穿白色或蓝色长裤，肩挂绣着美丽图案的挂包。至于白族妇女的服饰，大理一带多穿白色上衣，外套或红或蓝丝绒领褂，下着蓝色宽裤，腰系缀有绣花飘带的短围腰，足穿绣花的"百节鞋"；臂环纽丝银镯，指戴珐琅银戒指，耳坠银饰，上衣右衽佩着银质的"三须""五须"；已婚者挽髻，未婚者垂辫于后或盘辫于头，都缠以绣花、印花布或彩色毛巾的包头。

烤茶是白族的传统茶俗。白族人家的堂屋，一般都设置了镶以木架的铸铁火盆，上面放有一个铁三角架，来了客人，主人便让客人到堂屋落座，并在火盆生火，放上砂罐准备烤茶待客。待砂罐煨热后，放入茶叶，迅速抖动簸荡煨烤。待茶叶烤至微黄色，飘逸出清幽的茶香时，冲入一勺开水。这时，伴着声响，被冲起来的茶水泡沫也升至罐口，有如绣球花状，立时飘出一股诱人的茶香。这一冲茶之声，又响又脆，因而又称烤茶为"雷响茶"。

白族民居建筑有着独特的风格。他们十分重视门楼建筑和照壁、门窗雕刻及山墙彩画的装饰艺术。门楼装饰，通常采用泥塑、木雕、彩画、石刻、大理石屏、凸花砖和青砖等组成串角飞檐，花枋精巧，斗拱重叠，雄浑稳重，美观大方，体现了白族劳动人民的建筑才华和艺术创造力。

白族居民院落绝大多数坐西向东，由于这里常年刮西风或西南风，风力很大，正房向东主要是考虑背风。居民院落为封闭式院落。由于大理地区属多地震带，又受水灾威胁，所以，白族的居住地多选择地势较高的地方，并就地取材，以方石砌成牢固的基层和柱石，屋架和墙壁为土木结构，梁、柱紧密衔接为一个整体，这样既能防潮也能防震。照壁是白族民居建筑不可缺少的部分，院内有照壁，大门外有照壁，村前也有照壁，可见照壁的作用和重要性。照壁均用泥瓦砖石砌成。正面写有"福星高照""紫气东来""虎卧雄岗"等吉祥词句。照壁前设有大型花坛，花坛造型各异，花木品种繁多，一年四季，花香四溢。

大理地区古塔极多。据地方志书及专家调查，共有百余座之多。至今存于地面的约有四十多座。各塔就性质而言分两类：一类是作为佛的坟墓——安放舍利用的佛塔，如崇圣寺三塔等；另一类是依道教或堪舆家的观念建造的各类风水塔，如文笔塔、镇蝗塔等。上百座塔建筑说明了白族千百年来，既信仰佛教文化，也崇拜本土文化。两种文化正处于交汇融合之中，至今互相不可取代，而是各扬其长，各显其美。

火把节是白族盛大的节日，是白族人民在秋收前夕预祝五谷丰登、人畜兴旺的活动，剑川一带于每年夏历六月二十四日、大理一带于每年夏历六月二十五日举行。这天晚上，每家门口都竖有火把，村口更有全村公立的大火把，上插红纸，写上"风调雨顺""五谷丰登"等吉利话；村里的男女老少都拿着火把在田间游行一周，捕灭虫害。

四、保安族

保安族是我国少数民族中人口较少的民族之一，解放之初，据有关资料统计，人口不过四千余人，到2000年第五次全国人口普查统计，保安族人口数为16505人。他们主要聚居在甘肃积石山保安族东乡族撒拉族自治县境内，此外，在临夏县城郊也有少数保安人散居。

"保安"是保安人的自称，这与其原住地名称有关。据文献记载，明洪武四年，在今青海省同仁县保安城的西山曾建立保安堡。一般认为，保安族原是13世纪后，随"西域亲军"东来的已信仰伊斯兰教的蒙古人，先在青海同仁一带驻军垦牧，长期与当地回、东乡、撒拉各族交往、通婚，逐步形成为保安族。直到一百年前，在当地宗教上层和土司头人压迫下，辗转迁居甘肃积石山下定居落户。

保安族早期与蒙古族相邻居住，服饰也基本上与蒙古族相同。男女冬季多穿长皮袍，戴各式皮帽，夏秋则穿夹袄，戴白羊毛毡制的喇叭形高筒帽。男女均系各色鲜艳的丝绸腰带，并戴有小装饰物。

元朝后期，因受藏、土族的影响，保安族男女在春、夏、秋三季均穿长衫，戴礼帽。有的男子还穿高领的白色短褂，外套黑色的坎肩；女子服饰色彩比较鲜艳，脚穿绣花鞋，这期间的服饰兼有藏、土族服饰特点。

今天保安族的服饰与当地回族、东乡族相差不多。男子平时头戴白色号帽，上着白色衬衣，下穿蓝色灰色裤子，走亲访友或外出时穿中山服、军便服或西装。未婚女子梳长辫，穿鲜艳的上衣，外出或节庆时戴绿色纱绸盖头；已婚少妇和中年妇女戴白色卫生帽，类似医院护士所戴的白色工作帽，外出时戴黑色盖头，老年妇女服饰以深色为主，戴白色盖头。

保安族信仰伊斯兰教，伊斯兰教影响着保安族人的社会生活和精神生活，所以在保安族的节日中宗教节日较多。保安族的节日主要有两大类型，一类是宗教节日，一类是传统节日，其实保安族的许多传统节日也带有一些宗教色彩，原来也是宗教节日，由于历史的演变，现在已经变成了民族的传统节日。这些节日主要有大尔德节、小尔德节、圣纪节、哈其麦节、浪山节等。此外，保安族人民也过"春节"（俗称"大年初一"），这主要是受汉族的影响，将汉族的春节也作为一个传统节日。

在长期发展中，保安族创造了丰富多彩的文化艺术。在人民群众中流传的民间故事、诗歌、谚语等，内容以叙述民族历史传说、青年男女淳朴爱情的居多。保安族能歌善舞。绝大多数人能唱民歌《保安花儿》。这种民歌独具一格，分"保安令""脚户令""六六三"等曲调，即兴编词入唱，优美动听。舞蹈吸收了藏族舞的某些特点，动作节奏鲜明、欢快豪放。男子喜欢奏丝竹乐。造型艺术较丰富，妇女擅长剪纸，家庭木制用具、器皿及保安刀把上刻有十分别致的花纹或绘有色彩绚丽的图画。

"打五枪"，是保安族人民主要的传统体育活动之一，展现了保安族男子剽悍、机智、敏捷的雄姿。保安族聚居的"保安三庄"几乎每年都要举行"打五枪"比赛。

"打五枪"，是参赛者用自制的土枪，从装火药，扣压引火帽到射击，必须一气呵成，并且规定这一连串的动作必须在飞驰的马背上进行，在200米距离内完成打五枪的任务。"打五枪"场面壮观、激烈，既锻炼了人们勇敢、顽强、机智的意志，又增强了民族荣誉感。

射箭：弓用劈开的大竹竿做成，2—3片扎成一股，有4尺左右长，为了保持弓的柔韧、弹性，弓的两头套有水牛角。弓绳是几根拧在一起的牛盘绳做成，铁制的箭头呈长三角形，半斤多重。箭绳系有红缨穗，一般射程在200米左右。每年冬季，青壮年男子举行射靶比赛，比赛结束时，宰羊为优胜者庆祝。

五、布朗族

布朗族地处海拔1500—2300米的亚热带山区，崇山峻岭间密布着参天蔽日的原始森林。这里雨量充沛、四季无霜，盛产桐油、香樟等经济林木。布朗人以农业为主，种植旱稻、棉花与茶叶，其聚居地是驰名中外的普洱茶原料产地之一。

布朗族种茶的历史悠久，方国瑜被称为种茶始祖。现在我国的云南古茶地，到处都有他们祖辈的身影。布朗族居住的地方大都是茶园，几乎各个村寨都出产香茗，如今普洱茶兴旺，布朗族地区是驰名中外的"普洱茶"和"勐库茶"的主要原料产地之一，茶叶生产从很早开始就是布朗族人民经济收入的主要来源。自古就受到茶树恩泽的布朗人，在公弄村积淀了丰富多彩的茶文化，当地布朗人把对茶的情感凝聚成了一首首茶歌、一曲曲茶舞。还结晶成带有浓郁民族风情的厚重的茶艺茶道，其中以竹筒茶、煳米茶、明子茶、竹筒蜂蜜茶最让人叫绝。

布朗族有一种特色菜——波弯阿勒，即油炸花蜘蛛。这种叫阿勒的花蜘蛛，在野外林间结网，个儿有小手指般大，身上长有花斑。圆鼓鼓的肚子里，尽是具有丰富蛋白质的乳白色汁液。人们上山下地时，用树枝裹缠蜘蛛所结的网，把花蜘蛛网在网内带回。烹饪时，去掉蜘蛛头脚，仅用圆肚作为原料，只需用清水冲洗一遍，便可投入油锅煎炸供食，是一道营养丰富、加工方法简单、风味独特的菜肴。

布朗族人居住的干栏竹楼与傣族大致相同，为竹木结构。多是两层，上层住人，楼下关牲畜和堆放杂物。地板由龙竹剖开压成的宽竹板铺垫而成，臣卜室与待客之处铺以篾席。屋内所有家具几乎全是竹材做成的。一般竹楼可住二十年，每隔两年就要用茅草翻盖屋顶。

布朗族村寨通常由三五个至数十个同一血缘的家族聚居，屋内中央设置火塘，火塘边是家人吃饭、待客的地方，夜晚则在火塘四周安置床铺。

布朗族青年从小就要学弹各种乐器，练唱各种曲调。布朗山上的曲调分为甩、宰、索、缀四种。甩调激昂抒情；宰调欢快活泼；索调用小三弦伴奏，适合唱习俗歌曲；缀调则用于盛大舞会中的对唱，多颂扬蒸蒸日上的新生活和民族的历史英雄人物。布朗人的歌与舞配合紧密，墨江一带流行的"跳歌"就是一例。跳歌是又跳舞又唱歌的意思,因舞步不同有"二则歌"和"三则歌"的区别。一个村寨跳歌,经常请外寨的高手参加,跳歌之后还要举行歌咏比赛,婉转悠扬的山歌在村寨的夜空中久久回荡。

布朗族是我国的一个古老民族,在悠久的历史长河中,创造了属于自己的文化艺术,蜂桶鼓舞就是布朗族独具个性色彩的典型代表。蜂桶鼓舞是双江布朗族的传统舞蹈,该舞蹈因以蜂桶鼓作为主要打击乐器及道具而得名。舞蹈时舞者身背蜂桶鼓,边舞边打击,并以象脚鼓、铓、镲等作为其配乐。

布朗族人的服装多是用自制的土布做成的,以蓝、黑二色为主。

布朗族妇女上身穿紧身无领短衣,下穿黑色或带有红、绿花纹的筒裙,小腿上带有护腿,头挽发髻,缠大包头。妇女戴银质的耳环,耳环坠于两肩,上面饰有红、黄色的花,青年女子的耳环上还坠有鲜艳夺目的穗子。男子服饰较简单,一般上着青色或黑色的圆领长袖对襟衣,口袋内贴,下着宽裆裤,多为深色。喜戴白色、黑色或粉红色毛巾包头,有文身的习俗。

葛布是布朗族妇女擅长的一种古老的手工工艺品。收回的野葛藤,刮去夕卜皮,撕成细条,逐节接长,若干股长条编成经线。上机,穿篦。织机与棉麻布机相同,篦眼较大。民间称这种布为"葛丈",用其缝制口袋、床垫,经久耐用。

布朗族多数成年男子都会编织各种背篓、花篮、篾桌、簸箕、筛子、粪箕、竹篾笆、竹排、竹席等竹器。竹编是一种流传于布朗族、傣族民间的古老手工技艺,制作过程简单却较为考究,从破、削竹篾片、竹篾条到竹器编制成型全靠手工完成。

六、布依族

在中国西南部富饶美丽、依山傍水的云贵高原上居住着一个历史悠久的民族——布依族。布依族人民聚居地区风景秀丽，气候宜人。他们都是几十户、上百户聚居在一起，村寨依山傍水，是观光旅游的好去处。如被誉为"高原明珠"的花溪、驰名中外的黄果树大瀑布、安顺的"龙宫"、兴义的"马岭峡谷"、荔波的"小七孔、章江大峡谷"、镇宁的"犀牛洞"、清镇的"红枫湖、百花湖"以及普定的"夜郎湖"，等等。这些名胜古迹渗透着浓郁的民族风情，加上布依族人民的亲切热情，使这里成为人间小天堂。

农业是布依族的主要产业，种植水稻的历史悠久，享有"水稻民族"的美誉。除了农业，纺织业也较出名，由农家自己纺织的布依土布久负盛名。

布依族的男女服饰一般都用蓝、青、白三色布缝制。男子的服装式样各地基本上相同。青壮年男子多半包头巾，穿对襟的短衣（或大襟长衫）和长裤。老年人则大部分穿大襟短衣或长衫。妇女的服饰各地都不尽相同，有的地区妇女喜欢穿蓝黑色百褶长裙，有的地区喜欢在衣服上绣花，有的还喜欢用白毛巾包头，并佩戴各种银质手镯、耳环、项圈等饰物。

酒在布依族人民的日常生活中也占有极其重要的位置。他们不但喜欢饮酒，就连酿酒也有着悠久的历史。布依族酿制的酒主要有白烧酒、白糯米酒、黑糯米酒、蜂糖糯米酒和刺梨酒等。另外，布依族家家户户都自制糯米甜酒和大米烧酒，有时还制作糯米烧窖酒、米酒和蔗糖酒等，具有浓烈的民族特色。除了酿制酒以外，布依族地区还盛产名茶。以茶待客，也是布依族人民的传统习俗。茶叶大都是人们自栽自制，也有的是在山上采集一些可饮用的嫩叶与茶叶一起混合加工而成。北盘江畔贞丰县盛产的坡柳茶，黔南都匀盛产的毛尖茶，都曾作为上贡皇帝的贡茶而驰名中外。在布依族人制作的茶叶中，有一1种相当名贵，即味道别具一格的"姑娘茶"。"姑娘茶"是布依族未出嫁的姑娘精心制作的茶叶。姑娘们在清明节前采回茶尖嫩叶，炒热后保持一定湿度，把茶叶一片一片叠成圆锥体，晒干后再仔细处理一下，就制成了姑娘茶。制好的这种茶叶不但形状优美、品质精良，而且是茶中精品。"姑娘茶"不拿出来出售，只作为礼品赠送给亲朋好友，或者在订亲时由姑娘家作为信物送给情人。意思就是用纯真精致的名茶来象征姑娘的贞操和纯洁的爱情。

布依族人民的居住特点是依山傍水，聚族而居，民居大多是干栏式的建筑或者是一种前半部正面是楼，后半部背面看是平房的石板房以及平房。

贵州的镇宁、安顺等布依族地区盛产优质石料，还有可以一层层剥离开的薄厚均匀平整的大石板，这种薄片石板来源于水成页岩。当地布依族人民根据地形地势的特点，就地取材'用石料建造出一幢幢极其美观并且具有民族特色的石板房。除石板房以外，布依族人民的民居建筑还有吊脚楼和土木或者木石结构的平房。吊脚楼其实是干栏式建筑的一种变体，大部分建于地势倾斜较大的地区。一般都要建造成两层楼房，也有三层的。层基分为上下两级，前低后高，相差1大约五六尺。靠山坡的一边是平房，前半间建在稍低的地方，地基是楼房，这间楼和靠山的半间持平。布依族人一般还在大门前用竹木搭成极其简易的晒台，白天用来晾晒衣物，晚间可以休息乘凉。平房一般是土木或木石结构的，是汉族建筑文化与布依族建筑文化相互融合的成果。

在镇宁布依族苗族自治县县府所在地城关镇，绝大多数的房屋都是石头建造而成，光三四层的石楼就有几十栋之多。由于采用的石料是浅灰白色，加工之后颜色更加晶莹剔透，所以白天用肉眼看镇宁，就觉得闪烁耀眼；等到月夜再看镇宁，简直银装素裹、美不胜收。为此，古代就有'银镇宁'之称，民间更有'银色镇宁'的美称。该镇的石建筑，经历了六百年的风雨历程，可谓不朽的史诗。

七、朝鲜族

在美丽的长白山脚下，生活着一个勤劳善良、能歌善舞的少数民族，这就是朝鲜族。这里群山叠起，风光秀美。镶嵌在顶峰上的长白山天池就犹如一块晶莹剔透的碧玉，是闻名中外的旅游胜地。天池北侧的长白山瀑布，股股清流悬空而落，让人不由自主地想起唐代大诗人李白那句"飞流直下三千尺，疑是银河落九天"的壮美景象。长白山脉是鸭绿江、图们江和松花江的发源地。奔流不息的海兰江、布尔哈通河等碧波荡漾、蜿蜒回环，滋润着长白山麓的广大地区。这山清水秀的地方，就是朝鲜族人民的家乡。

朝鲜族地区不仅山川灵秀，而且物产丰美，蕴藏着丰富的资源。朝鲜族人民聚居的地区是我国北方有名的"水稻之乡"，也是我国主要的烟叶产区之一。这里还盛产著名的苹果梨、山枣、山葡萄等有"秋时到处悬美果"的美誉。长白山连绵起伏的山密上，覆盖着一望无际的原始森林，素有"长白林海"之称，是我国重要的林业基地之一。在浩瀚的林海中，又盛产各种药材、山货等土特产，最著名的要数"东北三宝"人参、貂皮、鹿茸角了。密林深处，栖息着东北虎、梅花鹿、灰鼠等珍稀动物。地下资源也极为丰富，有铜、铅、锌、金、铁、锑、磷、石墨、石英、石灰石、油母页岩等矿藏。

朝鲜族人民擅长种植水稻，而且延边地区的大米质量是非常好的，煮出的米饭色、香、味俱全，在全国是很出名的。汤是一日三餐中必备的，有酱汤、蔬菜汤、鱼汤、肉汤、海带汤等，其种类达三十多种。日常一般喜欢喝大酱汤，三伏天喜欢喝凉汤。狗肉汤是各种汤菜之首，做狗肉汤必须先将狗肉煮烂，吃的时候还要放点野香菜、辣椒油、花椒粉、盐和酱油等作料。狗肉汤营养价值高，所以朝鲜族家庭一年四季都很喜欢吃。

咸菜是朝鲜族喜爱的佐餐食品，多以桔梗、蕨菜、白菜、萝卜、黄瓜、芹菜等为原料，吃起来清脆爽口，咸淡适口。朝鲜族泡菜有数十种，其味道也多种多样，最著名的是辣白菜，是最有特色的一种朝鲜族饮食。打糕是朝鲜族著名的传统风味食品，因为它是将蒸熟的糯米放到槽子里用木槌捶打制成，故名"打糕"。食用时切成块，蘸上豆面、白糖或蜂蜜等，吃起来筋道、味香。因此，朝鲜族历来把打糕当做上等美味，每逢年节或婚姻佳日及接待贵宾时，都要做打糕。朝鲜族自古就有在农历正月初四中午吃冷面的习俗，说是这一天吃上长长的冷面，就会长命百岁，故冷面又被称作"长寿面"。

朝鲜族比较喜爱素白服装，以示清洁、干净、朴素、大方，故朝鲜族自古有"白衣民族"之称，自称"白衣同胞"。民族传统服饰叫"则高利"和"契玛"。妇女服装为短衣长裙，男子服装为短上衣，外加坎肩，裤腿宽大。夕卜出时多穿斜襟以布带打结的长袍，现在改穿制服或西服。

朝鲜族是能歌善舞的民族，延边朝鲜族自治州以"歌舞之乡"

著称于世。著名的民间舞蹈有农乐舞、长鼓舞、扇舞、顶水舞等。舞姿或轻盈舒展，或柔婉沉静，或刚劲跌宕，明朗与含蓄相交织，细腻与大方相表里。朝鲜族歌曲旋律流畅婉转、欢快明朗，如《桔梗谣》《诺多尔江边》等人人会唱。

朝鲜族自古以来就把尊重老人视为家庭乃至整个社会生活中的极为重要的礼节。在日常生活中，对老年人关怀备至，一到节日，先向家里的长辈依次恭喜问安。自 1982 年以来，延边朝鲜族自治州将每年的 8 月 15 日定为"老人节"，使尊老习俗进一步发扬光大，成为全社会的美德。花甲宴是朝鲜族人民为 60 岁老人举行的生日宴席。

朝鲜族最大的聚居地延边朝鲜族自治州，自然生态保存完好，长白山作为中国十大名山之一，气势雄伟，风光奇特，景色宜人，是闻名中外的旅游胜地；"鸡鸣闻三国，犬吠惊三疆"的独特边境风貌，更是令人流连忘返。

八、达斡尔族

在茫茫林海的大小兴安岭中，嫩江蜿蜒奔腾南下，汇入松花江。在美丽富饶的嫩江两岸，生息着一个勇敢善良的民族——达斡尔族。辽阔的呼伦贝尔草原是达斡尔人世世代代游牧狩猎的家园。达斡尔的意思是"原来的地方"，也就是故乡。

渔猎业是达斡尔族传统的生产活动，他们生产的貂、狐、猞狸、灰鼠等细毛皮张和鹿茸、麝香等贵重药材，畅销国内市场，尤其是所生产的"紫貂"闻名中外。

达斡尔族的村庄大都依山傍水，风景十分秀丽。房舍院落修建得十分整齐。一幢幢高大的"介"字形草房，给人一种粗犷大方的印象。家家户户都围着红柳条编织的带有各种花纹的篱笆。院落布局严谨，马棚和牛舍一般都修筑在离院子较远的地方，使院子保持干净清洁。

达斡尔族的传统民间刺绣、雕刻、编织等手工艺具有浓郁的民族特色。达斡尔族的手工艺制作是在生产实践中逐渐产生的，都具有很高的实用价值，所用工具也都是很普通的劳动工具，因此，在物品的装饰上质朴粗放，没有半点矫揉造作，这也恰恰反映了达斡尔族这个渔猎民族的文化特质。

达斡尔人以善于造车而闻名，被称为"草上飞"的北国名车——大轱辘车即出自达斡尔人之手。大轱辘车非常轻便，重量只有一百多公斤，但车轮高大，直径达 1.5 米左右，在茫茫草原上该车极便于涉水过溪。大轱辘车一般可分为三种：普通车、苇厢车和篷车。篷车是在苇厢车上加盖篷顶，既可防日晒雨淋，又可驱寒保暖，是达斡尔族家庭的必备之物。

达斡尔人的雕刻分为骨刻、木刻和骨木结合雕刻三种。骨刻刻于骨筷子、骨质衣扣、扳指、骨质刀柄等物上；木刻则广泛见于门窗、隔扇、桌椅柜橱、盘碗桶盒、摇篮吊勾、刀柄、桦木器皿和神龛等；骨木合雕用以装饰精致的刀柄和烟袋锅等。烟袋锅是达斡尔族独具风格的雕刻手工艺品。它用杏树树根为原料刻制而成。烟锅边上镶铁片，锅柄上嵌以用兽腿骨钻制的骨环，与烟锅柄的颜色黄白相间，十分美观。

摇篮是达斡尔人传统的育婴工具，颇具民族特色。它像一叶扁舟，半倾斜地悬挂在屋梁下。这种摇篮多用榆木、柳木或李子木板制成，长约 0.9 米，宽约 0.33 米，高仅 0.15 米左右，头部微微翘起。摇篮里面用皮子做衬，外面多用花布做装饰。使用时将婴儿放在里面，用布条或皮带绑缚住就可以了。摇篮的底部垂挂着许多兽骨、鱼骨等装饰品，并钉有一根长长的皮条或绳子。妇女坐在炕上做活时，可将这根皮条或绳子缠在脚趾上，只要脚稍稍一动，摇篮就可以轻轻地摇摆，下边挂着的骨头也会随之发出有节奏的撞击声。这种声音就像悠扬的乐曲，也像孩子母亲舒缓的吟唱，伴着婴儿进入甜甜的梦乡。由于摇篮是斜挂着的，所以婴儿在上面呈现出一种似乎站立的姿态。这样，他就可以随时看到正在做活的母亲，还可以看到其他景物，而不至于哭闹。

柳编和树皮工艺是达斡尔人在生产生活中的一项技能，尤其是装盛用具大都用柳编和树皮工艺制作。例如装粮食用的米囤子，外面用柳条编制，内部糊上纸浆，装盛粮食通风透气不生虫；再者就是花筐土篮各种各样，编制手法花式繁多。桦树皮盒式、桶式器物的制作更加精致，光洁的桦树皮表面或绘、或烫有装饰，内容有神仙故事、民间传说等。桦树皮烫画因依附于这种载体而起到朴实无华的装饰效果。

刺绣是达斡尔民族传统文化的重要组成部分，达斡尔族姑娘出嫁时，刺绣技艺的高低是衡量新娘子家教和道德的标准之一。达斡尔族刺绣有妇女服饰、枕头绣片、荷包、鞋面、手帕、儿童摇车背枕、钱搭袋等物品。

民间剪纸在达斡尔族群众中有着悠久的历史。达斡尔族妇女是剪纸艺术的主要创造者，在她们的剪刀下，剪纸以其朴实、生动、典雅的风格丰富了人们的审美世界。达斡尔族的剪纸从其表现形式和功用上，可以分为"哈尼卡"剪纸、玩具车马剪纸、图样剪纸和装饰剪纸等几种。

九、傣族

提及美丽的云南，人们会不由自主地想到西双版纳和德宏的亚热带风光：高大挺拔的棕榈，郁郁葱葱的竹林，驰名中外的普洱茶以及香蕉园、椰子林、咖啡林、槟榔树……在云南这片美丽富饶的土地上，自古以来就有一个古老而又神奇的民族——傣族。

傣族地区森林密布，林外骄阳似火，林内雾气缭绕，各种亚热带林木高低错落，奇花异草绚丽多姿。傣族地区物产丰富，有樟树、栎树、棕榈树、紫檀、柚木、红椿、铁力木等珍贵的木材；有驰名中外的普洱茶、紫胶、金鸡纳霜和香精原料柠檬、香茅草；有人们所喜爱的咖啡、可可、油瓜果；亚热带水果处处皆是，如香蕉、槟榔、椰子、芒果、菠萝、木瓜、甘蔗、甜橙等。

在傣族聚居的西双版纳和德宏地区，由于没有直接受到第四季冰期的袭击，加之得天独厚的气候条件，许多珍禽异兽得以保存下来，因此被誉为"动物王国"。走进莽莽的原始森林，我们经常可以看到攀枝嬉戏的金丝猴，溪边戏水的野鸡，林中飞舞的红雀，结伴游动的象群……还有虎、豹、熊、鹿、香狸、穿山甲、刺猪、独角犀牛等。

富饶美丽的傣乡，素有"孔雀之乡"的美称，每当晨曦微明或夕阳斜照时，常见姿态婀娜的孔雀翩翩起舞，因此，孔雀在傣族人民心中是吉祥、幸福、美丽、善良的象征。傣族舞蹈都有鲜明的民族特点，种类繁多。其中历史最悠久、影响最大、至今仍具魅力的首推"孔雀舞"。

傣族妇女一般都身材苗条，面目清纯娇美，看上去亭亭玉立，仪态万方，她们的穿着打扮就像孔雀开屏一样，五彩缤纷，美不胜收，因此素有"金孔雀"的美称。

西双版纳的傣族妇女，上身穿白色、绯红色或淡绿色的紧身背心，外穿大襟或对襟无领、白色或绯红色短衫，袖管和腰部很窄，下摆很宽，没有扣子，用布带扎结；下身是黑色或褐色能盖住脚的筒裙，喜用银质腰带。发式则不论老幼皆盘发成髻挽于头顶，再配上发簪或是清香的花朵、鲜艳的绢花。夕卜出时喜挎自织的筒帕，撑传统的平骨花伞。男子服饰为白色对襟圆领长袖上衣，下穿白色或黑色长管裤，天冷时披毯子，常用绯红、白或青色布缠头，或戴毛呢礼帽。

在传统的观念中，人们一向以牙齿洁白整齐为美，所谓"明眸皓齿，，"齿如编贝"，自古是美女重要的外貌特征之一。但傣族妇女却一直持有相反的审美观点，大部分地区的傣族，尤其青年男女都习惯把用金片、银片等做成的套子套在门牙上，并认为镶的牙越多则越美丽、越富裕。傣族男女从十四五岁开始，就有用锅底灰或中草药涂牙齿的习惯，他们认为把牙齿染得越黑越美，结婚时新娘是要将牙齿染黑的。文身，傣语叫"夺朵"，无论男女均文刺，男的遍及人身肌肉强劲部位，女的只文刺于手臂、手背或眉宇间。文身的日子，一般选择在五月端阳时节。

在滨水而居的河谷坝区，因受炎热、潮湿、多雨、竹木繁茂等生态环境的影响，傣族的居民建筑以干栏式竹楼为主，一幢别致玲珑的竹楼就是一个傣族家庭。竹楼周围是宽阔的庭院，傣家人喜欢在庭园里栽凤尾竹、槟榔、芒果、香蕉、椰子等热带果树和花木，每座庭院如同小小的花园，一派诗情画意。

泼水节是傣族最富民族特色的节日，是傣历的新年，大致在公历的四月中旬，一般持续 3—7 天。节日期间，男女老幼都沐浴更衣，青年们更是梳妆打扮，穿上最漂亮的衣裙，戴上最喜爱的首饰和鲜花，兴高采烈地拜佛和泼水。姑娘们会在清早采来鲜花，然后挑来清水泼到佛像上为之洗尘，接着大家便互相泼水嬉戏，相互祝愿。起初用手和碗泼水，后来便用盆和桶，边泼边唱歌，越泼越激烈，鼓声、锣声、泼水声、欢呼声响成一片。傣族人认为以清水互相泼洒，是祝福、消除病魔和应节气，因此泼得多是友善的表示。

十、德昂族

在祖国的滇西南地区，高黎贡山和怒山山脉蜿蜒伸展于德宏、临沧等地，德昂族就分布在这两座山脉的群山之中。这里具有亚热带气候的特点，气候分为干湿两季，土质肥沃、自然条件优越、森林密布、牧场宽广，具有发展畜牧业的天然资源。此地还盛产竹子，人们可以用来建造竹楼，而肥嫩的竹笋更成为人们餐桌上的美味。这里还有成群的猴子、翩翩起舞的孔雀，在深山密林中，栖息着虎、豹、熊、鹿、麂子、野猪等数十种野生动物。德昂族就生活在这夏无酷暑、冬无飞雪的地方。

在古代，德昂族的农业曾有过辉煌的时期，大约在汉晋时期德昂族先民就在德宏坝区或半山区开垦了许多水田，种植水稻。德昂族的耕作技术普遍高于当地其他民族，尤其是水田耕作的精细在德宏地区是首屈一指的。水田一般都是两犁两耙，薅一两次草。水田和园地上都使用肥料，这在当时滇西南各民族中是最先进的。由于耕作技术先进，产量也较高。

德昂族还善于种植经济作物，茶、棉种植技术都较高，尤以善于种茶和好饮浓茶而闻名，被誉为"古老的茶农"。茶叶在德昂族生活中有着广泛的用途，德昂族人民对茶叶有着特殊的感情，他们日常的饮品离不开茶，尤其是成年男子和中老年妇女几乎不可一日无茶，而且好饮浓茶。如果茶瘾犯了，只要一日不喝，便会手脚酸软，四肢无力。相反，如果在劳累之时煮一罐浓茶，喝上几口，精神便会马上得到恢复。

德昂族人民居住的地方还盛产竹子。种类繁多，如龙竹、凤尾竹、京竹、毛竹：实心竹等等。特别是大龙竹，有的直径达八九寸，高数丈，干粗梢长。远在汉晋时期，德昂族的先民永昌濮人，就用它作为向中原皇朝进贡的土特产品，史书称它为"濮竹"。

在德昂族人民的日常生活中，建造房屋、制作生产用具、生活用具等许多方面，都离不开竹子。最典型的是德昂族人民的住宅干栏式竹楼。和南方许多民族一样，德昂族喜居干栏式竹楼。这种竹楼屋架为四贴三隔的木柱穿斗而成，其他部分，如椽子、楼板、晒台、围壁、门、楼梯等均用竹子为原料，房顶则覆盖茅草而成。

德昂族的竹楼多依山而建，坐西向东。主要有正方形和长方形两种形制。比较典型而普遍的是以德宏地区为代表的一户一院式的正方形竹楼。这种竹楼分主楼和附房两部分。主楼呈正方形，中间为走道，走道两侧，多以竹篱笆墙隔成三间，右侧住人，靠前门一间为客厅，系家长所居，并可招待宾客，置一火塘，可用来烧茶水。中间为主妇卧室，设有火塘，专供煮饭之用。紧靠小门走道两侧作为女儿或儿媳卧室。靠左侧一两间空房作为堆放谷物或放置生产生活工具的地方。竹楼的正门一边搭有晒台，用以晾衣服和晒谷物。屋顶用山茅草编成的草排覆盖。屋脊有草制的装饰物，类似内地寺庙屋脊上的"宝鼎""鳌鱼"等，风格独特。附房多建在主楼的一侧，用作堆放柴草及安置舂米的脚碓。

德昂族饮食比较讲究，用料较为广泛。擅长煮、炖、拌、舂等技法，口味酸辣中带甜。蔬菜种类繁多，竹笋是四季不断的蔬菜之一，除鲜吃外，还可加工成酸笋或干笋食用。其他蔬菜的食用，都习惯于在煮炖时配酸笋。酸笋用途十分广泛，即使在炖鸡、炒肉或烹鱼时都要加酸笋调味。受当地汉族的影响，许多汉族风味的腌菜、腐乳也是德昂族餐桌上常放的小菜。饮酒则多是自家酿制的竹筒米酒。

德昂族讲道德、重礼貌、热情好客，有着尊重长者的传统美德。在家庭内，长辈抚育晚辈、晚辈尊重长辈是习以为常的，对其他的老人也同样尊重。若是在路上遇到老人，让路时，年轻人或晚辈要给长辈让路。逢年过节，年轻人要把家里最丰美的饭菜送一份给村里的高寿老人，以表敬意；对于村里丧失劳动能力的孤寡老人，亲戚们要无代价替他下种和收割。

十一、侗族

侗族是我国统一的多民族大家庭中的一员。主要分布在贵州省、湖南省和广西壮族自治区相毗连的地区。侗族人口约有八十三万，以贵州省为最多，有四十八万以上；湖南有十九万以上，广西有十四万以上。在侗族聚居的地区还居住有汉、苗、壮、水、布依、瑶等兄弟民族。在长期的历史发展过程中，侗族和各族人民共同劳动，互相学习，培养了兄弟般的友谊。

侗语属于汉藏语系壮侗语族的侗水语支。以锦屏县南部的启蒙一带为分界线，划分为南北两个方言区，各包括三个土语区。由于侗族与其他民族特别是汉族在经济文化上的长期交往，侗语中吸收了不少汉语借词，许多人也都会说汉语。

侗族分布地区气候温和，霜期短，年平均温度在16℃左右；雨量充沛，年平均降水1200毫米左右，为山区发展农林业生产提供了良好的条件。境内地势西北高东南低，海拔在500—1000米之间。侗族人民以长期的辛勤劳动，在崇山峻岭中开辟了许许多多的梯田，筑造了大大小小的沟渠，开发了山区。建筑艺术尤为侗族所擅长，很早以前就能修筑结构复杂、夕卜形美观的鼓楼、风雨桥和小凉亭。民间手工艺制品，有色彩鲜艳的侗锦和图案精致的侗帕。侗布经久耐用，以榕江的三宝侗布最负盛名。侗族的编织、雕刻以及生活中常用的竹藤、木器等，也都精致实用。

侗寨鼓楼是侗家住宅的标志，侗语称为"堂卡"或"堂瓦"，鼓楼分为多柱和独柱两类，多柱即由四根主柱和十二根衬柱组成，独柱即由一根中柱支撑，直立于鼓楼中央，直伸顶端，底层四根衬柱。不论何种建筑形式，其顶层均置放齐心鼓，故人们称之为鼓楼。在贵州东南部侗族聚居的地区观光游览时，常会看到山寨中、村落旁立着一种宝塔形的建筑物，它以杉木作料，不施一钉一铆，柱、枋的横穿、斜挂、直撑，一律采用接榫与悬柱结构，牢固又严谨。

侗家人历来是同姓聚居，一寨一姓建鼓楼一座，一寨多姓则建多座鼓楼。夕卜人来这里做客，可根据这一族姓的象征物来分辨当地居民族姓情况。

侗族服饰历来是侗族人民追求美的重要组成部分，也是侗族社会发展的重要标志。侗族的服饰，若以居住的地域划分，可大致分南北两种类型，各具特色。北部以锦屏县平秋侗族服饰为例：平秋地区妇女外衣大多为青色，右衽圆领，斜襟开扣，托肩彩色滚边，衣长至大腿中部、衣脚有红色内套露出。衣袖平手膀，袖口镶花边。腰系彩色腰带，背后有两条带幛，随着人物走动而翩翩起舞。内衣为白色或月蓝色，袖长超过外衣袖口。下身穿青色裤子，脚踏翘鼻绣花布鞋。她们擅留长发，用红头绳扎发盘在头上再包黑纱帕，脑后别上银簪、银梳，头戴银盘花、银头冠，耳吊金银环；领口两组银扣对应排列，外加斜襟扣两组；颈戴五只大小不同的项圈；胸佩五根银链和一把银锁用以镇魔压邪；手腕戴上银花镯、四方镯等。南侗善绣，服饰极为精美，女子穿无领大襟衣，衣襟和袖口镶有精细的马尾绣片。图案以龙凤为主，间以水云纹、花草纹，下着百褶裙，脚蹬翘头花鞋。髻上饰环簪、银钗、头戴盘龙舞凤的银冠，并佩戴多层银项圈和耳坠、手镯，腰系腰带，银腰围，青布包头，下着宽大长裤，穿草鞋或赤脚。

侗族饮食以大米为主粮，人们犹喜糯食。亲友来访，常以糯食相赠；婚嫁吉日礼品多为糯米所作，节庆的粽子、糍粑无不以糯米为本。南部地区山坡多，田地远，糯米饭既便于携带，又不易馊，很多村寨以糯米为主粮。糯米分红糯、黑糯、白糯，同类又分不同品种。其中"香禾糯"是糯中之王，有"一家蒸饭全寨香"的美誉。

"汉字有书传书本，侗家无字传歌声，祖辈传唱到父辈，父辈传唱到儿孙。"这首侗家的歌谣很清楚地指明了侗族文化的精髓在侗歌。侗乡是歌的海洋，侗歌种类和名称繁多。侗族大歌，侗语意为大型之歌，不仅蜚声国内，而且名扬国外。

十二、东乡族

东乡族自称"撒尔塔"，其含义是泛指"中亚信伊斯兰教的色目人'（中亚一带的穆斯林〉，历史上被称为"东乡回回""东乡蒙古""东乡土人'"蒙古回回"等。"东乡"为他称，是因为其居住在临夏州（古称河州）以东，即"东乡"地区而得名的。东乡族讲东乡语，属阿尔泰语系蒙古语族，同蒙古语相近。多数人兼通汉语，通用汉文。本民族没有文字。

关于东乡族的族源问题，其主要说法有以下几种。东乡族族源成分中有回回色目人〔即色目人中信仰伊斯兰教的那部分人〉、蒙古人和汉族人等。回回色目人认为，东乡族族源和主体是回回色目人，是 13 世纪中叶从中亚迁徙而来的。这是随着近二十年来研究工作的不断深入和有关东乡族的学术研讨会及学术界渐趋一致的认识。尤为东乡族的干部和群众所认同。

东乡族人一般每餐离不开茶，多数用盖碗泡茶，也有用小茶壶的。盖碗亦称'三炮台'，即由茶盖、茶碗和底盘座组成。每日三餐都在炕上，炕上放一炕桌，全家人都围着炕桌盘膝而坐。妇女（除老年妇女外）一般不与男子同桌吃饭。

东乡族每日三餐，餐餐不离洋芋。洋芋既可当菜，又可当饭。煮、烧、烤、炒均可，特别是冬春二季，在炕洞烫灰里烧焙的洋芋最佳，又沙又甜。

在夏天，很多东乡族喜将快熟的青麦穗或青稞穗煮熟，搓干净，再用石磨磨成长'索索'，然后再拌上油辣子、蒜泥和各种炒菜一起食用。

总之，东乡族人喜吃饭菜合一的食品，为制作各种食品方便，东乡族家家都有小石磨。屠宰栈羊吃发子是东乡族改善生活的一种形式，当地有句谚语说："先来的发子比后来的肉香。"东乡族制作"栈羊"肉，颇具特色，一般都是清水下全羊，锅上蒸"发子"，即把羊心、肝、肺切碎盛入碗内，调以姜米、花椒粉、味精及葱花，放在笼屉上蒸，半小时后即可食用。东乡族还善于把栈羊肉制成清汤羊肉，制作时将熟羊肉切成核桃大小的肉块，浸入煮开的羊肉汤里，加少量的蒜苗、葱花、香菜、味精，美味可口，营养丰富，老少皆宜。

东乡族信奉伊斯兰教，在生活习俗上与西北回族相似，服饰上也带有回族的特点。颜色素净，多青、蓝色或藏青色布制成。少女也有着红、绿色者。

男子喜戴号帽。号帽是一种平顶软帽，有黑、白两色，多用布缝制，有钱的人家或用绸缎缝制或用线织成。

东乡族男子不喜留长发，但习惯留胡须，这与回族、保安族和撒拉族等信仰伊斯兰教的民族不一样。据说，穆斯林男子，到适当年龄留有胡须，同教者见到都要以礼相待。

东乡族妇女的服装颜色单一朴素，多半是黑色或藏青色的布料制成。东乡族妇女一般都戴盖头，长至腰际，头发全被遮住，只露出脸孔。这种服饰是从民国时期时兴起来的，伊斯兰教认为妇女的头发是一种羞体，需要遮掩。渐渐地，盖头便成了一种服饰。

东乡族的歌谣词曲兼备，风格多样，语言朴素，但形式固定。有"了略"，为收庄稼时唱的歌，节奏舒缓，曲调悠扬，表达了欢快喜悦的劳动情绪。"洛洛"，又称"碾场号子""碾场歌""喊啦啦"，是碾场、赶滚碌碡时唱的劳动号子。"裢格洼拉达"〔裢枷歌〉，是碾场打裢枷时唱的一种号子，歌词即兴而作，句子短小，节奏也较活泼明快。

"花儿"，是东乡族人民最喜爱的一种艺术，几乎人人会唱，人人会编。它语言精练，情景交融，富有生活气息。花儿音乐是作为东乡族族源的中亚撒尔塔人的音乐，这是河州花儿音乐形成的重要因素之一。东乡族花儿属河湟花儿，以苦歌、情歌为多，曲令有六七种之多，或以衬词为名称，或以地名为名称，或以内容为名称。

十三、独龙族

独龙族的先民与古代氐羌原始族群的关系极为密切，是古代氐羌原始族群的一个组成部分。独龙族是中国人口较少的少数民族之一。现有人口约七千五百人，主要分布在云南省西北部怒江傈僳族自治州的贡山独龙族自治县西部的独龙江峡谷两岸、北部的怒江两岸，以及相邻的维西傈僳族自治县齐乐乡和西藏自治区察隅县察瓦洛等地。此外，缅甸境内也有不少独龙人居住。与傈僳族、怒族、白族等民族代代交好。生活在被称为"神秘河谷"的独龙江两岸的独龙族人民，受江水滋润，以江为名，独龙族人已把生命与峡谷融为一体。

独龙族保留着渔猎的传统。他们相信万物有灵，崇拜山川、河流、大树、巨石等自然物。讲信用、遵守诺言是他们的道德传统。历史上，独龙族被誉为"不用锁门的民族"，他们始终保持着"路不拾遗，夜不闭户"的古老而淳朴的社会风尚。

独龙毯作为装饰品在独龙族人家里随处可见。这种以棉麻为原料，用五彩线手工织成的工艺品，质地柔软，古朴典雅，既可美化生活，又是当地重要的经济来源。独龙毯是独龙族人民生活的必需品，白天当披风，夜晚当被，同时又是青年男女恋爱的信物，还可缝成口袋运粮盛物。精美的独龙毯已成为独龙族男子特有的传统服饰。独龙族妇女穿长袖上衣和长裙，有时也围一件花色麻布围裙，小腿上裹麻布带绑腿。

一年一度的独龙族传统节日称作"卡雀哇"，是在每年最后一个月由各村寨的长老们择吉日而定的。神圣的祭山神活动之后是隆重而欢乐的"剽牛宴"，这是整个峡谷沸腾的日子。

独龙族地区的资源十分丰富，多种珍贵植物被列为国家重点保护植物。这里还是大理石矿的密集地，彩色大理石"贡翠"是天然的大理石珍品。

独龙族因长期以来同周边的藏族、纳西族、白族和汉族建立了紧密的政治、经济关系，输入了铁刀和铁斧，出现了刀耕火种农业，并将原始的木锄包上铁皮，改造成为小铁锄，用来挖掘耕地。20世纪40年代末，个别家庭还从怒江换进少量大型板锄，使刀耕火种开始向锄耕过渡。

独龙族的手工业还没有从农业中明显分离出来，往往同农业生产、采集和狩猎活动紧密地结合在一起，主要有藤、竹编织以及纺织麻布。纺织麻布工具简单，技术落后，剥麻、搓线、洗染、织布全是手工操作，工效很低。在独龙族社会里，还保存着原始的以物易物的产品交换形式，一般与访亲问友结合在一起，访问者带去家乡的土特产，然后带回被访地区的土特产。在长期的交换过程中，产生了计算交换产品价值的方法，出现了双方用木核记账的形式。

独龙族的节令并不十分严格，其播种时间以花开、鸟叫为准。每年春季到来，桃花盛开，"告克拉"鸟鸣叫时，就开始春耕播种。当鸟王"省得鲁都"叫时，播种一定要完成，因此花开和鸟鸣指挥着生产。每一个月也没有三十天的概念，月大月小都是相对而言。一般"过雪月"很长，有时超过两个月。粮食歉收时，五月份即开始过"饥饿月"。因此，有的独龙人只能说出十个月，有的甚至只能说"热季""寒季"。

独龙族人的食物丰富多彩。他们虽然以谷类为主食，但对各种山珍野味却情有独钟，特别喜欢吃含有丰富淀粉的野生植物。以一种被称作"四维"的董棕树芯里挖出的董棕粉制作的食物是独龙族人最喜爱吃的食物，也是招待来宾以示热情友好的佳肴。

独龙族民间互相邀请的方式十分独特，通常都是用一块木片作为邀请对方的请柬，把木片送到要邀请的客人家，在木片上刻有几道缺口就表示几天后举行宴请仪式。被邀请的客人要携带各种食品以表示答谢。客人进入寨门后，要先与主人共饮一筒酒，然后落座聚餐，并观赏歌舞。独龙族性情淳厚，即使仅是偶然相逢的人，也要置酒相待。凡建屋盖房，婚丧嫁娶，都要主动相助，如猎到美味或自家杀猪宰牛，都要邀请远亲近邻聚餐，并在聚餐结束后主动馈赠礼品。

十四、鄂伦春族

在我们国家内蒙古自治区东北部、黑龙江省北部住着这样的一个少数民族：他们勤劳、善良、诚实、勇敢，人们称他们为"兴安岭王者"，这就是鄂伦春族。

鄂伦春族是我国北方古老民族之一，"鄂伦春"的意思是"住在山岭上的人'或者"使用驯鹿的人'。鄂伦春人长期过着狩猎和捕鱼的游牧生活。艰苦的生存环境让几乎所有的男子都成为优秀的骑手和射手，他们对各种野兽的习性和生活规律了如指掌，狩猎经验非常丰富。

如今的鄂伦春族生活在大、小兴安岭中，这里山峦起伏，有一望无际的原始森林，漫山遍野松樟挺拔，野草如茵，繁花似锦，野生果类俯拾皆是，星罗棋布的河流、湖泊里盛产多种鲜美可口的冷水鱼。鄂伦春人正是凭着这种得天独厚的自然环境，过着幸福的新生活。

鄂伦春族的饮食是非常丰富的，而且也形成了自己独有的特色。过去，鄂伦春饮食是以兽肉为主的，一般每天吃一两顿饭，吃饭的时间也不固定。冬天在太阳未出前吃完早饭，然后出猎；夏天就要早晨先出猎，打猎以后再吃早饭。两餐主食以肉为主。近些年来，鄂伦春族的饮食中多了一些新品种，比如说有用大米或者小米熬的苏米逊〔稀饭〉、老夸太〔黏粥）和干饭；用白面做的高鲁布达〔面片〉、卡布沙嫩〔油饼〉，面包、饺子也上了鄂伦春人的饭桌了。鄂伦春族食肉面很广，除了森林里各种野兽，还捕食飞禽和河里的鱼类。

大兴安岭特产的飞龙（松鸡）肉质鲜嫩，非常有名。他们餐桌上最常见的是狍肉，还有犴肉，把犴肉当做美味佳肴。，在长期的游猎生活中，鄂伦春人独具匠心，创造了极富民族特色的狍皮服饰文化。过去，鄂伦春人一年四季都打狍子。狍皮就成了衣服的主要原料。冬天的狍皮有较厚的绒毛，用来做御寒的皮袍。春秋季的衣袍是用夏天打的狍皮做的，夏季的狍皮是沙毛，很短，颜色发红，所以也叫"红毛皮衣"。夏季的衣服是把皮子上的毛刮干净，用剩下的光皮板做的。下雨的时候把冬天的旧皮衣毛朝外穿，皮衣就不会湿透。鄂伦春人不论男女，皮袍的式样基本相同，都是右大襟。鄂伦春皮袍上的装饰简单、大方。为了美观和耐用，袍边和袖口都镶着薄薄的皮子，细细密密地丝行得平展硬挺，衣领缝着猞猁皮或者狐狸皮。女式皮袍除了镶边外，在袍边、开衩的地方有美丽的花纹图案。鄂伦春人装饰皮衣的花纹很讲究对称，特别是左右的对称，这种审美观念的由来，和鄂伦春人长期生活在崇山峻岭之间，对大自然的观察有直接关系。

鄂伦春人是以桦皮为屋的，鄂伦春把它叫做"斜仁柱"〈木杆屋子）或"撮罗子"。"斜仁柱"最初的覆盖物"塔路"是桦树上剥下来未加工的桦树皮。搭盖"斜仁柱"是先用两根"阿权"〔意为主杆）支起来，然后把"托拉根"〈带权的树干）搭在阿权上，相互咬合，这样整个骨架牢固。再把顶端套上"乌鲁包藤"〔柳条圈〕，在"乌鲁包藤"周边搭上"斜仁柱"（树干〉，"斜仁柱"的骨架就搭成了。然后将从桦树上剥下来的"塔路"像铁瓦一样一张压一张地覆盖在"斜仁柱"的骨架上，用绳索捆牢。由于桦树皮较厚，"斜仁柱"内部较暗，.只能从顶端的通烟口和门两处进光。

房顶的覆盖物还有狍皮，这样屋子就夏可防雨、冬能御寒了。

在长期的狩猎生产和社会实践中，鄂伦春人创造了丰富多彩的精神文化，有口头创作、音乐、舞蹈、造型艺术等。鄂伦春民族史诗也具有很高的文学和历史价值，能够追溯到遥远的洪荒时代。鄂伦春民族的史诗，是以"摩苏昆"的形式保存下来的。"摩苏昆"意为"唱着说"，有诗、歌、舞为一体的原始艺术的特点。现在收集到的以"摩苏昆"形式为主的史诗，主要有三部，即《英雄格帕欠》《波尔卡内莫日根》和《布提哈莫日根》。其中尤以《英雄格帕欠》为典型，这部史诗非常宏大，共有诗 1900 行，解说词 50000 多字。

十五、俄罗斯族

在美丽的北国大地上〔主要是新疆、内蒙古、黑龙江等地〉，有一个堪称礼仪之邦的民族，他们讲究礼节，性格开朗，说话幽默，民族自尊心强，能歌善舞，特别对本民族欢快的踢踏舞尤为喜爱……这个北国"寒风莹花"的民族就是俄罗斯族。

俄罗斯族，是中国众多少数民族之一。俄罗斯族在全国的省、自治区、直辖市中均有分布，主要集中聚居在新疆维吾尔自治区西北部的伊犁、塔城、阿勒泰和乌鲁木齐市等地，其中以伊犁地区最多，其余分散于黑龙江省北部和内蒙古自治区东部一带。

在种族分类上，俄罗斯族属于欧罗巴人种（白种人，欧罗巴洲即传统意义上的欧洲〉。欧罗巴人体特点是肤色白，眼睛呈棕色或蓝色、鼻高、唇薄、细软黄发、身材高大。中国的俄罗斯族大多有白种人的血统，同时又具有黄种人的特征。这是由于俄罗斯人迁入中国后，世代与周围民族通婚，导致了体质的逐渐变化，因而使得中国俄罗斯族人也具有了黄种人的特征。

中国俄罗斯族有着优秀的传统文化和丰富的文学艺术，其中书面文学主要有诗歌、小说等，如力口入中国籍的俄罗斯移民伊万的《逃亡记》，这部小说主要描述了他们从俄罗斯逃到中国的经历。民间故事题材多样，内容丰富：有反映历史、歌颂勇士和讽刺暴君的，也有反映民间生活琐事和表现劳动人们善良敦厚的，如《老歌俩》，就是一篇生活气息浓厚，语言朴实生动，饶有风趣的作品，因而深受广大人民的喜爱。

拥有深厚音乐文化传统的中国俄罗斯族人视音乐、舞蹈为生命，每逢喜庆之日，或亲朋相聚之时，他们就拉起手风琴，唱起歌、跳起舞来。且无论是宗教仪式，还是日常喜庆娱乐场合，都会有歌舞和乐器相伴。由于迁徙的原因，我国的俄罗斯族的民间音乐与俄罗斯民间音乐有着密切的关系。各种传统的民间音乐形式一直保存在人民生活中。又因为我国的俄罗斯族长期与汉族、维吾尔族、哈萨克族、塔塔尔族等各民族相互交往，民歌中还常配上不同民族的语言进行演唱。这使得中国俄罗斯族的民歌具有特另啲韵味。

中国俄罗斯族音乐以风格、体裁多样的民间音乐为主体，其音乐属典型的欧洲乐系，调式音阶采用欧洲大小调式，织体以多声为主，带有纵向的、和声的音乐思维特点，在五十六个民族中独树一帜。中国俄罗斯族的器乐文化也比较发达，几乎所有的男子都能演奏乐器，民间常见的乐器有"巴扬"〔手风琴〕、吉他、曼陀林和"巴拉莱卡"等。中国俄罗斯族也是一个能歌善舞的民族，他们的文化生活比较丰富，男女老幼皆爱欢歌起舞。

中国俄罗斯族是一个心灵手巧的民族，其民间工艺十分丰富和发达，富有艺术性和民族风格。提到俄罗斯族的手工艺品，就不能不提套娃。套娃是俄罗斯族著名的传统工艺品和旅游纪念品。套娃不仅只数多，而且每套娃娃都不同或许表情，或许颜色，但人物形象分明，同样憨厚可爱。还有的在每套娃娃的肚子上都描绘了不同的故事、景物和文化。套娃的深层含义正是表达了人民对家庭和民族的热爱与尊重，对人与人之间美好感情的向往和追求。

中国俄罗斯族的传统服饰具有鲜明的特点。夏季，男子多穿长及膝盖的套头衬衫和细腿裤，春秋季节穿粗呢上衣或长袍，冬季则穿羊皮短衣或皮大衣。喜庆节日，小伙子爱穿彩色衬衣。妇女在夏季习惯于穿粗布衬衣，外套无袖、高腰身的对襟长袍，下穿毛织长裙。其他季节，着装与男子大同小异。

木刻楞是俄罗斯族的传统民居，整个建筑体现了中西文化的融合，但更多的还是体现了北欧的文化和建筑风格，更是一种民族文化。经过一番心思缜密的打造，木刻楞化复杂为简洁，化华贵为质朴。我们仿佛从那简明的木质纹理中，看出俄罗斯族人纯真而简洁的文化精神。在这种文化精神的光辉之下，木刻楞已成为一尊有血有肉的雕塑，一座充满俄罗斯风情及童话色彩的民居建筑。

十六、鄂温克族

大兴安岭位于我国的东北边陲，这里重峦叠嶂，林莽苍苍，古松参天，幼林茁壮，被称作我国天然的"绿色宝库"。在这片美丽富饶的土地上，生活着一个勤劳智慧、骁勇善战的游牧民族，一个有着独特的地域文化和神秘的民族风情，真正与森林和驯鹿融为一体的民族，它就是纯洁而神秘的鄂温克族。"鄂温克"意为"住在大森林怀抱中的人们"。由于鄂温克民族的分布地区比较广泛，再加上历史上不断迁徙而造成居住地区分散，交通不便，互相隔离，鄂温克族曾分别被称为"索伦""通古斯""雅库特"等，1957年根据鄂温克本民族的意愿，统一民族名称为"鄂温克"。勤劳勇敢的鄂温克族，有着悠久的历史和多彩的文化。鄂温克族虽然人口较少，但由于他们居住地区广泛，所以他们从事的生产方式并不相同，再加上历史在发展中不断吸收外来的文化，因而形成了有自己独特风格的文化。

鄂温克族人有一些共同的容貌特征，他们的头发偏于中褐色，较直；肤色偏于浅褐；虹膜色，也就是我们通常所说的"黑眼珠"，鄂温克族人的虹膜色多为褐色，少数为浅蓝色；女性中凹形鼻的人较多，而男性直形鼻的人数较多；陈旗和鄂旗的鄂温克人中直形鼻占多数，而鄂左旗的鄂温克人凹形鼻较多；鄂温克人的身高中等偏矮，多和他们生活在山区有关系。

鄂温克族也是我国少数民族里唯一饲养驯鹿的一个民族。驯鹿曾经是鄂温克人唯一的交通工具，被誉为"森林之舟""林海之船"。因为鄂温克人狩猎时使用驯鹿，常被称为"使用驯鹿的鄂温克人'。一般的驯鹿身高约为一米多，无论是雌性的驯鹿还是雄性的驯鹿都长有角，并且角长而又多，它们的角还有很大的药用价值。别看驯鹿身体瘦小，他们的力量却很大呢，一般的驯鹿都可以驮动四十多公斤的重物，驯鹿冬季每天可行四十五里，夏季日行三十里。苔藓类植物是驯鹿的主要饲料。正是因为驯鹿的身型瘦小、体重较轻、蹄瓣又大，适于在深山密林中和沼泽地里行走，所以每当迁徙时，老人、小孩和生活用具都是靠驯鹿来运载的。而勇敢的鄂温克猎人在外出狩猎时，他们的行装、口粮和猎取物等也都靠驯鹿来驮运。驯鹿作为鄂温克族的交通工具，不仅减轻了鄂温克猎民的繁重负担，而且还扩大了他们狩猎的活动范围。可见驯鹿在鄂温克族人的生活中起着多么重要的作用。

历史上的鄂温克族人由于受到地理气候和生活、生存方式的限制，他们的饮食虽然单一却颇具特色。鄂温克族人生活在气候寒冷的深山密林中，积雪长年封山，而且冬天长夏天短，昼夜温差又大，不适宜种植各种蔬菜，所以他们很少吃蔬菜。主要以肉类为主食，肉类的食物热量大容易饱腹，对鄂温克猎人的打猎活动有很大的帮助。纯畜牧业区的鄂温克族以乳、肉、面为主食，他们把鲜奶作为饮料，甚至是每日三餐都不能离开。森林区的鄂温克族还饮用当地特有的驯鹿奶，驯鹿奶呈灰白色，不但浓度大营养丰富，还香甜可口，也可以把驯鹿奶制作成奶茶。鲜奶除了做成奶茶外，也有的像蒙古族那样，把鲜奶加工成酸奶和干奶制品。

鄂温克族的服饰风格也体现了狩猎民族的特色，有自己民族的传统服饰。由于鄂温克族生活在气候寒冷的北方并且长年从事狩猎活动，他们的衣服原料主要为兽皮，传统服装也以皮制居多；他们的衣裤鞋帽都用兽皮、兽毛等制成，特别是冬天的服装，更选择皮厚毛长的兽皮作原料。

鄂温克族的民间传说是该民族带有历史性和地方性的口头文学，是一项重要的文化遗产，是我国民间文学宝库中的珍宝。它的现实性、幻想性、民族性，可以说是鄂温克族的一部百科全书，从中可以认识到鄂温克族的历史、社会生活、地理、风物、民俗等等。

十七、高山族

"高山清，涧水蓝，阿里山的姑娘美如水呀，阿里山的少年壮如山……"一首优美动听的《阿里山的姑娘》穿越了台湾海峡来到了祖国大陆。这首清新明快的高山族民歌，让我们看到了日月潭边那些勤劳、质朴、善良的高山同胞。

高山族是我国少数民族大家庭中不可分离的成员之一，是最早居住在台湾地区居民的后裔。高山族人主要分布在台湾本岛的山区和东部沿海纵谷平原及兰屿上，还有少部分人散居在大陆的福建、浙江等沿海地区。由于居住地区和语言的差异，高山族内部分为阿美人、排湾人、赛夏人、泰雅人、布农人、曹人、雅美人、鲁凯人和居住在平原和丘陵地带的平埔人等不同支系。高山族有自己的语言高山语，各族的地域差异导致语言也不同，但高山族没有自己民族的文字。

高山族是台湾地区少数民族的统称。明代之前的历史上，并没有高山族这个名称，其称谓通常是和当时台湾的地名相联系的。比如，三国时期高山族被称为"夷州人'或"山夷"；隋朝时被称为"琉球人"；宋元时期被称为"琉球""溜球"或"土人'；明代时被称为"东番夷"；郑成功收复台湾后，别称为"土番""土民"；清代时被称为"番族""番人'，将高山族居住地称为"番社"。又根据居住地和生产生活习俗不同，将其分为"生番""熟番""高山番""平埔番"等等。

有关高山族的民族来源，有很多说法。主要有原住民说、西来说、南来说和多源说。西来说，是以高山族的文身、崇拜蛇等习俗为依据，表明高山族是"百越之族的支裔"。南来说，是因为高山族的语言、文化等方面和马来族相似，所以，认为高山族的祖先是菲律宾、婆罗洲诸岛上的原马来人。多源说，在高山族所继承下来的传统习俗中可以发现很多华南古文化的特质，如巢居、公廨、杵臼、嗜槟榔、珠贝、断发文身、凿齿、歌舞、猎头、祭祀、巫术、祖先崇拜、射日神话、太阳与蛇和鸟崇拜等等。其中的凿齿、巢居、蛇崇拜都是古越人的文化特征，这证明了高山族与古越人同出一脉。由于台湾地处东南海滨，在漫长的岁月里，有可能从琉球群岛、南方菲律宾、婆罗洲以及密克罗尼西亚诸岛不断迁来一些移民，在长时间的融合中，渐渐发展成为高山族。在明清时期，逐渐出现统一的族名"东番"或"番族"，这是高山族开始成为单一民族的标志。

高山族的起源最早可以追溯到旧石器时代从大陆迁入台湾的古人类，新石器时代则属于大陆东南越文化圈的台湾高山族先民，在长期历史磨合的过程中仍然保持发展的连贯性，使之成为高山族的主要来源，后来又慢慢融合了从南洋及大陆迁入台湾的移民。

高山族是能歌善舞的民族，是富有艺术天才的民族。他们的歌舞、音乐、雕刻等民族艺术驰名于世。在数千年历史长河当中，高山人的歌舞逐渐形成了自己浓郁的民族风情。歌舞几乎充满着高山族人的全部生活，他们为鼓励生产劳作而歌舞，为庆祝丰收而歌舞，在传统的祭祀节日中更是离不开歌舞。高山族人要用歌舞来抒发感情，以歌舞赞美劳动，赞美英雄，赞美生活。

高山族人用自己的生活把传统文化体现得细致入微，当我们看到那些热情好客的高山族同胞的笑脸时，就会为之感动。

十八、仡佬族

在祖国云贵高原的东部，生活着一支贵州地区最古老的民族——仡猪族。仡佬族是贵州土生土长的民族，是贵州土地上最早的开拓者，因而他们常常自称为贵州"本地人'，这足见仡佬族人民在面对自己开创的那一片土地时心中的那份按捺不住的自豪与骄傲。不仅如此，伤倍族先祖们还常常用歌声来表达他们对心中那片土地的深情，他们常唱道："仡佬仡佬，开荒辟草""大田大地我们的，大山大岭我们的，东南西北我们的，大场大坝随便走，大冲大凹随便行，天宽地宽由你走，四面八方任你行"。就是这样一个民族，最早在云贵高原东西南北开荒辟草，安居乐业，使得云贵高原逐渐告别了蛮荒，开始了生生不息的繁衍。

仡佬族历史悠久，商周至西汉时期的"百濮"，东汉至南北朝时代的"濮""僚"都与其先祖有渊源关系。"仡僚""葛僚""僚""仡佬"是隋唐以后，各个时期对他们的称谓，新中国成立以后，正式定名为仡佬族。

据史料记载，早在原始社会的旧石器时代，仡佬族的先祖就在今天的贵州地区这一带活跃了，到了今天，仡佬族已经繁衍了几千年，发展成为一个拥有人口 579357〈2000 年数据〕的民族了。作为贵州土生土长的民族，97% 以上的仡佬族人都居住在贵州省境内。这部分仡佬族主要分布在贵州省务川仡佬族苗族自治县和道真仡佬族苗族自治县两个地区，其余居住在贵阳市、六盘水市、遵义市和铜仁、毕节、安顺、黔西南等四个地区。少数仡倍族散居在云南和广西地区。

仡佬族有自己的语言，属汉藏语系，语族、语支未定，现在只有四分之一左右的人还会说彳乞佬话。由于仡佬族长期分散居住，各地仡佬族语言差异很大，有多种方言，主要分为哈给、告、阿欧、多罗四种方言。黔北方言的仡倍族自称"哈给"，分布于贵州的仁怀、关岭、晴隆、贞丰及广西的隆林三冲等地；黔中方言的仡佬族自称"告"或"德佬"，分布于平坝、织金等地；黔西方言的仡佬族自称"补尔"，分布于黔西、织金等地；黔西南方言的仡佬族自称"多洛"，分布于水城、织金及云南之麻栗坡、马关等地。仡佬族各种方言差别较大，甚至分、散在同一个县内的仡佬人也不能互相通话，更别说与散居在云南、广西、湖南、四川等地的仡佬族使用本民族语言进行顺利交流了。现在，汉语已成为通用语，不少人还通苗语、彝语、布依语。仡佬族没有本民族的文字，以汉字为共同文字。

贵州境内山多平地少，有"八山一水一分田"的说法，且由于地势高低悬殊，气温相差较大，还有"十里不同天"之说。特殊的地理环境使得生活在贵州境内仡佬族除少数村落分布于山间平畴之外，绝大多数仡佬族村落均分布于边远山区。所以，仡佬族以农业为主，平坦地区多种水稻，山区旱地多种杂粮，属稻作农耕经济文化类型。唐宋时期，是仡佬族发展经济的重要时期，那时期封建领主制在仡佬族地区形成并确立，社会经济有了很大的发展。仡老族主要从事农业，但是手工打铁业也比较发达，因此，历史上还把有些地方的仡佬称为"打铁仡佬"自古至今，尽管所处的地理位置不占优势，但是勤劳善良的仡佬族有一双灵巧的手，有一颗热爱生活的心，他们在艰难的条件下，把日子过得有声有色。新中国成立后，仡佬族人脱离了贫困悲惨的生活，仡佬族人开始以主人的姿态，享受到民族平等的权利，他们生产水平不断发展，生活质量也一天比一天提高了。

十九、哈尼族

在我国遥远的南部生活着一个勤劳而勇敢的民族——哈尼族。哈尼族是中国少数民族之一，是一个古老的民族，现今人口达一百四十多万。主要分布在云南省红河哈尼族彝族自治州和西双版纳傣族自治州。在那依山傍水的环境中，哈尼族人凭借自己的智慧和勤劳不断繁衍生息，创造了独具特色的哈尼文化。

由于长期的迁徙，生活不稳定，哈尼族历史上没有自己的文字，但是在漫长的社会历史发展进程中，在长期的生产生活实践中，他们用自己的聪明智慧创造了丰富多彩、绚丽多姿的文学作品。哈尼族民间文学作品，内容广泛，体裁多样，有神话、传说、故事、史诗、歌谣、寓言、谚语等，其中又以神话故事和诗歌尤为丰富多彩。

哈尼族自古以来就是最善于开垦梯田的民族。他们凭借自己的勤劳和智慧不断地开垦梯田，不但满足了自己的生活需要，而且逐渐形成了独具魅力的梯田文化。梯田文化在哈尼族中占有崇高的地位，已经在不知不觉中成为了哈尼族的灵魂。为了开垦梯田，他们投入了生命的全部，一个哈尼人的一生都与梯田缠绕在一起。这一点通过一个普通的民俗"命名礼"就可以看出来：哈尼人出生时，他的家人要举行梯田劳动仪式，即在院子地上画出象征梯田的方格，如果生男孩，就由一个七八岁的男孩用小锄头在方格内表演挖梯田的动作；如果生女孩，就由一个七八岁的女孩在方格代表的"梯田"里表演摸螺蛳拿黄鳝的动作，经过这一仪式才能拥有自己正式的名字，真正成为村寨里的一员。可见哈尼人出生后就将一生投放在梯田里。不但如此，他们去世后仍然埋葬在梯田旁边的山坡上，他们要在另外一个世界里守望着梯田。哈尼族就是这样一代一代，祖祖辈辈永不中断、永不松懈地把巍巍哀牢山的千山万壑都开垦成了片片田山。由此可知梯田对于哈尼族的非凡意义。

哈尼族人能够创造出如此壮丽的梯田，固然是对他们勤劳、智慧的回报，但同时也与哀牢山区特定的地形、气候等自然条件有密不可分的关系。哈尼族人在找地开田时，要找不怕风吹、向阳、平缓、无病虫害、雀鸟不来吃又终年保水的肥沃坡地，开成台地后先种三年旱地，待其土熟，再垒埂放水把它变成梯田。

哈尼族历史悠久，其长期艰难迁徙的历史和梯田稻作经验形成了哈尼文化独有的特色。这种特色表现在哈尼人日常生活的各个方面，他们的衣食住行无不体现着哈尼特色。

哈尼族服饰不仅仅是简单的御寒防风蔽身之物，它更是哈尼族传统文化的精髓，它承载着极其丰富的文化信息。哈尼族把黑色看成是最高贵的颜色，因此他们的服饰从帽子（包头）到上衣、裤子，直至鞋的主体颜色都以黑色和藏青色为基调。哈尼族男子的服饰比较简单，他们多穿对襟上衣和长裤，以黑布或白布裹头。女性的服饰则较为多样化，她们多穿右襟无领上衣，下身或穿长裤或穿长短不一的裙子。但是无论男女都喜欢在衣服的襟沿、袖子等处缀绣五彩花边，系绣花围腰，还习惯佩戴各色款式的银饰。哈尼族男女的服饰一直穿到结婚、生育，到当了父母以后，便逐渐减去鲜艳饰物。

哈尼族最有民族特色的建筑是他们的"蘑菇房"。据说在远古的时候，哈尼人住的是山洞，因为他们住在半山腰，山高路陡，出门劳作非常不方便。后来他们迁徙到了一个名叫"惹罗"的地方时，看到满山遍野生长着大朵大朵的蘑菇，那些蘑菇不怕风吹雨打，还能让蚂蚁和小虫在下面做窝栖息，他们就照着蘑菇的样子盖起了蘑菇房。哈尼族的蘑燕房冬暖夏凉、经久耐用，在我国民居文化中独具特色。有史以来，哈尼人迁徙到哪里，就把蘑菇房盖到哪里，蘑菇房遍布哈尼山乡。经过长期的发展与改进，现在的蘑菇房既有传统特色又日趋完美，它与巍峨的山峰、迷人的云海、多姿的梯田一起构成了哀牢山的宜人景色。

二十、哈萨克族

在中国西北部广博而美丽的新疆维吾尔大草原上，居住着一个勤劳善良的古老民族——哈萨克族。她是中国五十六个民族大家庭的一员，有着悠久的历史文化。哈萨克族人口主要分布于新疆维吾尔自治区伊犁哈萨克自治州、木垒哈萨克自治县以及巴里坤哈萨克自治县。还有少数人口分布于甘肃省阿克赛哈萨克自治县和青海省海西蒙古族哈萨克族自治州。第五次全国人口普查公布，我国的哈萨克族人口总数为 1250458 人。

哈萨克族历史悠久，族称最早见于 15 世纪中叶，一直沿用至今。根据民间传说，"哈萨克"意为"战士"或者"白色天鹅"。关于这"天鹅"之意还有一个美丽动人的传说。哈萨克族的主要聚居地位于新疆北部。

哈萨克族是一个过着草原游牧生活的民族，因而他们的服饰带有浓郁的游牧生活特征。牧民们主要用牲畜的皮毛作衣服的原料。哈萨克族男子的衣服主要有皮大衣、皮裤、衬衣、长裤以及坎肩等。

哈萨克族男子常常扎一条牛皮制成的腰带，腰带上镶嵌有金、银、宝石等各种美丽饰品，腰带右侧佩有精美的刀鞘，内插腰刀，以备随时使用。哈萨克族男子的帽子根据气候和季节的不同而分为不同的种类和样式。夏季，哈萨克族男子一般戴一种用薄白毡制作的翻边帽，是将白毡裁剪成几瓣再缝合到一起制作而成的，很有特色，并且透风性强。而在冬季，男子则要戴"吐马克"或"库拉帕热"两种不同的帽子。"吐马克"一般是绸缎面、羊羔皮或者狐狸皮里的帽子，有两个耳扇，一个尾扇呈四棱尖顶状，用来挡风御寒，尖顶上还装饰有猫头鹰毛。"库拉帕热"则是一个圆顶皮帽，内缝狐皮或黑羊羔皮，外面饰以色彩艳丽的绸缎，刮风下雨时佩戴，美观实用。

哈萨克族妇女的服饰比男子的服饰更加丰富多彩。她们常常根据年龄来选择不同的样式。年轻的姑娘喜欢穿连衣裙，裙袖有美丽的绣花，裙摆阔大自然成褶或者是缝有花边。上身喜欢套紧身坎肩，坎肩上绣有美丽的图案或是缀有五颜六色的饰品。未出嫁的姑娘头上戴的常常是"塔克亚""别尔克"或"特特尔"三种帽子。"塔克亚"是一种斗形帽。下沿略大，面是彩缎做的，帽壁绣着花，缀着珠子，帽顶上插猫头鹰毛，象征其坚定、勇敢；"别尔克"一般是用水獭皮做的圆帽，与"塔克亚"相似，只不过夏季扎各种颜色的三角和正方形头巾；"特特尔"是一种四方的头饰，上绣各种花纹图案，折起多褶，扎在头上。

哈萨克族是一个游牧民族，其饮食习惯与其赖以生存和发展的畜牧业密切相关，他们的食品以肉、奶、茶、面等为主。由于哈萨克族人信奉伊斯兰教，因此忌食猪肉和非宰杀而死亡的牲畜肉，并忌食一切动物的血。

哈萨克族人民多以羊肉为日常肉食。吃法很多，最主要的吃法是手抓羊肉，即清炖羊肉。哈萨克族人民的生活也离不开奶制品。奶制品主要是由羊奶、牛奶、马奶或者骆驼奶酿成的。他们的谚语说奶子是哈萨克的粮食。"可见奶制品在哈萨克族饮食中的重要分量。奶制品的种类主要有鲜奶子、酸奶子、奶皮子、奶豆腐、奶疙瘩、酥油、酥酪、奶糕、马奶酒等等。其中马奶酒是哈萨克牧民在各种聚会、盛宴以及接待客人时必不可少的饮品。

由于哈萨克族人民饮食以肉食为主，摄入的动物脂肪较多，加之所处地区夏季干旱、冬季寒冷，因而哈萨克族人民有一个普遍习惯——饮茶。茶中含有芳香油，有消食、提神、醒脑的功效。大量饮茶，冬天能驱除寒意，夏天可免除病痛，还能帮助消化，所以哈萨克牧民中有"宁可一日不食，不可一日无茶"的说法。他们甚至认为"无茶则病"。黑砖茶是哈萨克族人民最钟爱的茶饮品，其次为茯茶。烧茶的方法通常都是先将茶放进壶中煮上一段时间，有的还添加丁香、酥油、胡椒等香料，最后再放入少许的盐，使其味浓郁芳香。也有在上述做法的基础上加奶制成奶茶，这种茶更是芳香宜人。

哈萨克族人民的饮食文化极具民族和地域特色，就如他们的待客礼仪一样热情周到，温暖人心，给全国各族人民留下了美好的印象。

二十一、赫哲族

赫哲族是我国人口数量最少的民族，全国共有赫哲族人四千六百多人。赫哲族是长期居住在黑龙江、松花江、乌苏里江三江流域的具有悠久历史的民族。据史料记载，赫哲族的历史可以追溯到六千多年以前。然而随着历史朝代的不断变迁，对赫哲族先民的称呼也各有不同。在先秦时期称之为"肃慎"、汉魏时期称其为"挹娄"、南北朝时期称"勿吉"、隋唐时期称"黑水"，到了辽金元明时期称为"女真""女直"、清初称"伊彻满洲"（新满洲之意）但这些不断传承与变化的称谓是中原对北方原住民族的统称，赫哲先民只是其中的一个部分。直到清康熙二年〈1662年〕，在《清实录》上，将居住在三江流域的土著居民称为"赫哲"，才使赫哲族的名字得以传承，从而也把赫哲族同其他北方民族彻底地区分开来。

赫哲族是一个不断迁徙、不断流动的民族，他们逐水草而居。在千百年来不断迁徙的过程中，在与周边民族不断融合影响的过程中既融入了草原牧猎文化，同时也创造了别具特色的渔猎特征的民族文化。

"棒打狍子瓢舀鱼，野鸡飞到饭锅里"，就是对赫哲人民浪漫生活的真实描绘。沿江而居的赫哲族人千百年来，依山傍水而居，长期和江河湖泊打交道，他们是以捕鱼和狩猎为生的民族，故有"夏捕鱼作粮，冬捕貂易货以为生计"之说。赫哲族人不论男女老少，都是捕鱼打猎的好手，形成了赫哲族独特而丰富的民族文化。富饶美丽的黑龙江、乌苏里江流域，是赫哲族世世代代繁衍生息的地方。赫哲人捕鱼主要在春、秋、冬三个季节进行。赫哲族人捕鱼很有本事，技巧也相当高明。捕鱼的方法主要是叉捕、钩捕和网捕。

赫哲族在历史上被称为"鱼皮部"，鱼皮服饰是赫哲族独有的民族服装，赫哲族的鱼皮文化艺术也是其民族文化的重要组成部分，由赫哲人代代相授并传承下来。赫哲人的先祖逐水而居，不擅长耕织，以渔猎为生，而且生产力水平低下，生活条件恶劣、艰辛，只能依靠自然资源才得以生存。所以，生存的需要迫使他们使用鱼皮来代替棉、麻等纺织品，逐渐形成了独特的鱼皮文化。而鱼皮文化与鱼皮制衣的技术也具有重要的价值，它承载着赫哲族的一段文明和历史。勤劳勇敢的赫哲族人用他们的双手与智慧给我们留下了宝贵的文化遗产。同时独特的鱼皮制衣技术更充分说明了赫哲人具有利用自然、改造自然和适应环境、创造美好生活的顽强意志与高度智慧。赫哲族的鱼皮制衣技术和鱼皮文化是在其独特的渔猎生活中产生的，同时也体现出了赫哲人的聪明才智和高超的缝纫技艺。可以说是从古至今，一脉相承，是十分珍贵的非物质文化遗产，更是在漫长的岁月中形成的民间艺术瑰宝。

以渔猎生产为主的赫哲族人餐桌上的主要菜肴离不开鱼，他们吃鱼的方法很多，也很讲究。赫哲族有着独特的"食鱼文化"。家里来了客人，主人常设"全鱼宴"进行款待，满桌的鱼不会重样，色香味也都各有不同。除了常见的溜、煎、炖、炸、蒸等烹调方法，还有刹生鱼、拌生鱼凉菜、炒鱼毛、烤鲜鱼片等许多种赫哲族人特有的吃法。

赫哲人非常喜欢狗，而且善于驯狗，家家养狗，户户养狗，少则几只，多则几十只。狗已经成为了赫哲人生产、生活中必不可少的得力助手，无论是狩猎、运输还是捕鱼都离不开它。因此，在历史上，赫哲族就有"使犬部"的称呼。考古工作者曾经在黑龙江省宁安县镜泊湖莺歌岭遗址中发掘出四件小陶狗，经过科学的测定，该遗址距今已有三千年左右的历史。这说明至少几千年前，生活在黑龙江中下游的居民就已经开始懂得驯化狗，并将狗作为生产、生活资料。到了元、明、清时期，赫哲人养狗、役狗的记载很多，已经形成了一种特殊的地域文化现象。

二十二、回族

"回回民族"的简称是回族，回族是中国五十六个民族之一，是我国少数民族中人口较多、经济文化比较发达的民族。回族还是中国少数民族中散居全国、分布最广的民族之一。回族人民主要聚居在宁夏回族自治区、甘肃、青海以及河南、河北、山东、云南等省。据统计，回族大约有981.6万人。

关于回族的来源，可以追溯到公元7世纪中叶。那时有阿拉伯和波斯商人到中国来经商，他们留居在广州、泉州、杭州、扬州等地，经历了五代至宋末，五六百年间不断地发展壮大，成为回族来源的一部分。而回族的主要来源是13世纪初叶，由于成吉思汗西征而被迫东迁的中亚细亚各族人，波斯人和阿拉伯人，以及当时东西交通打开，自愿东来的商人。这些人都是信仰伊斯兰教的，在元代的史书中统称为"回回"，被列为当时"色目人'中的一种。他们到中国以后，大部分做了军士、农民、工匠。还有一部分人做了官员、商人、宗教职业者和学术人士，由于通婚和社会经济关系，与汉族、维吾尔族，蒙古族等族人民在长期的相处中形成回回民族。

在明代的三百年中，回族已经成为一个民族共同体。他们更广泛地分布在祖国的各地，形成众多的回族村落，这是明代的特点。回族勤劳善良，他们的手工业传统由来已久，我们现今知道的有香料制造业，在北京曾有"香儿李家"，从明代以来，回族的祖传制香业已经有几百年的历史了。回族的制药业也很有名，北京最有名的是回回膏药和马思远药锭，这些都是从明代开始的。除了这些，回族的制瓷业也很有名气，如"回青"，它在图案上采用了阿拉伯文和一些几何图案。回族的人民勤劳朴实，尤善经商，还有从事海外贸易的。与此同时，回族还在不断地吸收新的成分，逐渐形成了一个民族共同体。

世界上目前有三大菜系：东方菜系、西方菜系和伊斯兰菜系。回族美食融合东、伊两大菜系的优点，并经过回族人民自我创造，形成了具有本族特色的美食文化。回族美食大多由其清真品质所决定，讲究品质高洁，选料考究。回族的面食多以油炸为主，并且营养搭配合理。目前回族的美食已风靡全国，堪称中国食林奇葩。

青海回族的日常主食有小麦、青稞、大麦、豌豆、洋芋等。其中，城镇及川水地区以小麦为主食，洋芋为辅。旱地，山地多以青稞、大麦、洋芋为主食，辅以豌豆、小麦等。回族的主食还分为干、稀两样。干的有饱锅馍、锅盔、花卷、油饼、油香等。稀的有软面片、拼面片、长面、拉面、旋面儿、寸寸儿、旗花儿、麦仁饭、扁食、搅团、馓饭等。

油香是回族的传统美食之一，油香是回族民间传统食品，有普通油香、糖油香、肉油香三种，有的地方把油香叫"香香锅"。

回族著名糕点师马基良制作的万盛马糕点甜、酥、脆，在西北各省区影响很大。河北省石家庄市的金凤扒鸡、保定市的马家卤鸡和白运章包子，辽宁省沈阳市的马家烧卖，义县的伊斯兰烧饼，陕西省的牛羊肉泡馍，湖南常德市的翁子汤圆、绿豆皮、牛肉米粉在当地都很有名气。民间特色食品有酿皮、拉面、大卤面、肉炒面、豆腐脑、牛头杂碎、臊子面、烩铪铪等。

回族节日中有三大节日，即开斋节〈新疆地区叫"肉孜节"〉、古尔邦节〔也叫"宰牲节"〉、圣纪节〈也叫"圣忌节"〉。这三个节日既是回族的民族节日，也是全世界穆斯林的宗教节日。除此之外，还有小的节日和纪念日，如法图麦麦节、登霄节、阿舒拉节等。这些节日和纪念日都是以希吉来历（伊斯兰教历〉计算的。希吉来历，以月亮盈亏为准，全年为 12 个月，单月 30 天，双月 29 天，平年 354 天，闰年 355 天，30 年中共有 1 个闰年，不置闰月，与公历每年相差 11 天，平均每 32.6 年比公历多出 1 年。希吉来历分太阴年和太阳年两种，现在回族多用太阴年计算。

二十三、基诺族

基诺族主要分布在我国云南省西双版纳傣族自治州景洪县的基诺民族乡，少部分散居在景洪县的勐旺、勐养、橄榄坝、大渡岗等地。基诺族有自己的语言，属汉藏语系藏缅语族，由于无文字，过去多靠刻竹木记事。基诺族主要以农为生，旱稻、棉花、玉米是他们的传统农作物。种茶历史悠久，以普洱茶最为著名。

个别村寨在 20 世纪 40 年代尚有百余人共居的大竹楼，这个父系大家庭公社虽然共居一处，但分居各房间的小家庭却又是个体经济，单独生产和消费，呈现了父系大家庭公社末期的过渡状态。这些原始社会古老遗迹可谓基诺村社的特点之一。基诺族农村公社是由不同氏族成员共居的地缘村落组成，每个村社都是一个独立的村寨。

基诺族习惯于日食三餐，以大米为日常主食，还喜欢玉米、瓜豆等食物。基诺族食用大米很讲究，要吃好米、新米，陈仓米多用来喂养家畜或做烤酒。玉米则侧重于吃青。早餐通常把糯米饭用手捏成团吃，午餐多把米饭用芭蕉叶包好带到地里随时加盐和辣椒食用。也有人直接把米带上山，就地砍竹筒、采集野菜，把米和菜放在竹筒里煮熟食用。晚餐除主食米饭外，还备有一些菜肴，其中有自家种植的青菜、白菜、韭菜、葱、姜及随时采集和猎获的山菜野味，家庭饲养的畜禽只在婚丧礼祭时才能宰杀。基诺族普遍喜欢饮酒，因此民间有"不可一日无酒"的说法。他们所饮用的酒大都是自家用大米或玉米酿制的，在酿制过程中，通常要入一些锁梅叶等植物，酒呈浅绿色，并带有一种植物的自然香味，据说加入这些植物有健脾强身的功效。

一般的民族服饰，往往女子服饰比男子服饰丰富，但基诺族却恰恰相反。基诺族的服饰具有古朴素雅的风格。基诺族的衣裙，用本民族纺织的衣裳布与裙子布缝制，衣裙上的花纹图案，在织布时就作过了巧妙安排，凡是可织出来的图案均可织在布上。因此，布料有上衣布和裙子布之分，一般不可混用。传统的服装，以白色和黑色为基本色调，因纺织工艺落后，所织棉布缺乏紧密、光滑之感，近似麻布，但却结实耐用，深受基诺族男女的喜爱。

基诺族的男子爱穿无领对襟白砍刀布小褂，小褂前襟、胸部、臂、腕部有彩色条纹。小褂背上缝着一块约有六寸见方的黑布，上面用彩色绣着一朵圆形图案的花，周围有放射状线条，似太阳光芒四射。有的还在圆形图案旁加绣兽形图案或花纹。基诺族称这块绣花黑布为"波罗阿波",汉语意为太阳花或月亮花。男子下身着白兰色裤子,裤腰两侧各开约十五厘米长的口子,并缝上一块四方形的黑布。青年男子包黑色包头,包头布的末端插着一朵用彩色丝线穿着红豆子、绿壳虫翅膀做成的花朵——这是恋人送给他的珍贵的信物和装饰品。

基诺族妇女善于纺织,基诺族女子的衣料是妇女们亲手织的"砍刀布",在基诺山寨中,在村头寨边或田间的小路上,随处都可以发现一个个基诺族妇女用纺锤捻着线,两只灵巧的手时开时合,时上时下,雪白的棉花霎时间就化为一根根均匀的银丝。她们织布用腰机,织布的人席地而坐,经线一头拴在自己的腰上,另一头拴在对面的两根木棒上。纬线绕在竹木梭上,用双手操纵着左右穿行,梭来回穿行一次后就用砍刀式的木板推紧,"砍刀布"就是由此得名的。

每个民族的文化艺术,自古以来都是本民族传承下来的民族精髓,也最能代表这个民族的文化底蕴。基诺族的文化艺术可以说是多姿多彩的,民间流传着丰富的神话传说、故事和诗歌。在神话传说中,流传较广的是《玛黑和玛妞》《女始祖腰北》等。前者叙说的是基诺族的创世纪洪水故事和兄妹成婚。后者叙说的是腰北造天地后,撒茶籽在基诺山,使基诺族以种茶谋生。民间故事有反映纯洁爱情的《两个小伙子》,有反映善有善报、恶有恶报的《宝刀和竹笛》《猴子和人》《大姐和四妹》。基诺族诗歌分叙事诗和抒情诗两种,反映的内容广泛,格调含蓄而真切,生活气息浓郁。

二十四、京族

在美丽的南海北部湾上，有一块"冬季草不枯，非春也开花，季季鱼泛鳞，果实满枝丫"的宝地，这就是京族人民的故乡"京族三岛"，，巫头、漓尾、山心。京族三岛旅游资源丰富，旅游业方兴未艾。海岸树木茂盛，郁郁葱葱；环绕三岛有长达 13 千米的海滨，沙滩宽 10—20 米不等，沙质细软金黄，被誉为"金滩"；海水洁净碧蓝，浅水区宽阔平坦，白日风平浪静，渔舟点点，晚间潮涨浪涌，波涛阵阵。海洋、沙滩、树林、鹤群，构成了京族三岛独特的海滨天然风光，是不可多得的海滨浴场。再加上京族人民的淳朴热情，京族三岛是宝贵的旅游资源。

居住在北部湾沿海地区的京族人民，发挥临海优势，祖祖辈辈从事渔业、农业、盐业和手工业的生产，其中渔业生产是最主要的，直到今天仍在京族经济生活中占据着重要的地位。在渔业生产过程中，京族人民以自己的智慧，创造出了拉、围、刺、钓等各种行之有效的捕捞方式，一代又一代地传承下来，并随着社会的进步不断地加以改进和发展。

由于各地的地理条件有所差异，从事的作业种类也有不同。漓尾主要以拉网捕鱼，山心主要以渔箔捕鱼，而巫头以渔箔和塞网捕鱼。渔具之多、分工之细，形成了京族独特的渔业文化。

民间文学是京族文学的主体，京族人民所传承的民间文学，一方面表现出中华民族一员所体现出的价值观念、道德准则和审美崇尚；另一方面，京族文学又具有鲜明的地方特色和民族特色。《蟾蜍将军》《杜光辉的故事》《三岛传说》《白牛鱼的故事》《海龙王开大会》《海白鳝和长颈鹤》《山揽探海》等传说故事都洋溢着浓郁的海洋文化气息，生动地反映了京族人民对大自然的认识，充分体现了京族刚毅顽强的民族精神和惩恶扬善的文学传统主题。

"京戏"是京族传统的戏剧，称"嘲剧"，独具民族特色。独弦琴是京族独有的民族乐器，以半片大竹筒，或三块木片制成长方形的琴身，长约75厘米，一端插一根与琴身成直角的小圆柱，或金属片条，另一端安放一个把手，两端由高至低拉一弦线。演奏出来的声音十分幽雅动听。

京族人家的服饰穿戴，无论男女，都有其别具一格的独特美感。男性穿的是无领无扣的袒胸上衣，腰间还束以一条或两条彩色腰带，有的甚至束五六条之多，并以腰带的多少来显示自己的富裕或能干。由于其衫长过膝，衫叉的裂旗又开得很长，所以平时就把两边的衣脚撩起，打成球结，覆于腹部，这种扮相，使人显得洒脱、俊逸且豪放。男衫的颜色有浅青、淡蓝或浅棕三种，裤子惯穿黑色，既宽又长，其裤裆尤长，几乎是裤长的三分之二。青年女性穿的通常是白、青或草绿色的上衣，裤多为黑色或褐色；中年妇女是青色或浅绿色上衣配以黑裤；老年妇女多穿棕色衣或黑衣黑裤。女性的裤子的宽阔度与男性无异，但上衣与男性相反，很短，衫脚仅至腰间而不及臀部。衣袖之窄，同男性无异，其宽度仅能穿臂。妇女的衣服同样无领而开襟，但有纽扣三粒，袒胸处则遮一块绣有图案的菱形小布，年轻人多为红色，中年人多为浅红或米黄色，老年人通常为白色或蓝色。

糯米糖粥是京族人普遍喜欢的甜食。其煮法很简单：将糯米淘净水煮至将熟时，加糖再熬，至米烂水有胶质即成。若煮得好，那糖粥亮晶晶、甜润润、香喷喷，很是诱人。逢年过节，京族人都要吃糯米糖粥；祭神祀祖最不可少的祭品也是糯米糖粥；平时家中来客，主人免不了要捧出糯米糖粥来招待，要是一时拿不出，也会将就一下，来一碗红薯糖汤、粉丝糖汤或绿豆糖水。"糖"是甜蜜的，京族人以此隐喻着对幸福的向往和寄托。京族有句古老的谚语："家积万金，不如高朋满座。"由此可以窥见，京族人在传统习俗上对友谊的珍视和崇尚。而糯米糖粥的甜润胶蜜，正是寄寓着"友谊常在，如胶似漆"的美好愿望。

二十五、景颇族

景颇族历史悠久，是一个历经迁徙流变而形成的民族。主要分布在云南德宏傣族景颇族自治州的潞西、陇川、盈江、瑞丽、梁河五县，少部分散居于其他州县。景颇族大多住在海拔1500—2000米的山区。这里气候温和，雨量充沛，土地肥沃，特产丰富。除旱谷、玉米、水稻外，盛产名贵的红木、楠木和各种竹子，还有橡胶、油桐、咖啡、茶叶、香茅草等经济作物，以及热带、亚热带水果，如菠萝、菠萝蜜、芒果、芭蕉等。深山老林中还栖息着各种珍禽异兽。地下矿藏也很丰富。景颇族人主要从事农业，种植水稻、玉米、旱谷等作物。

他们有自己的语言和文字。根据语言谱系分类法，景颇语属于汉藏语系藏缅语族。文字有景颇文和载瓦文两种，是以拉丁字母为基础的拼音文字，前者创制于19世纪末，后者创制于1957年。景颇族的口头文学发达，尤其是集诗、歌、舞于一体的创世史诗《勒包斋娃》，包含了人们对自然界和人类社会方方面面的认识，深受本民族群众的喜爱，也是祖国民间文学的一朵奇葩。

景颇族素以刻苦耐劳、热情好客、骁勇威猛的民族性格著称。他们有句家喻户晓的话："要像狮子一样勇猛。"他们用勤劳的双手征服大自然，用大长刀与恶势力作斗争。历史上，多次顽强抵御外敌入侵，为保卫祖国领土立下了功勋。

景颇人的村寨优美干净，别具风情。一座座竹楼，一户户人家，组成了一个个寨子，有的大，有的小。景颇族的竹楼别具一格，它没有傣族竹楼那么高，也有别于房顶成八角形的德昂族竹楼。传说景颇族建竹楼的技术是从动物挖巢和飞鸟筑窝中学来的。景颇族的房屋建筑形式多为草顶干栏式竹楼。屋分为上下两层，楼上住人，楼下饲养猪鸡。竹楼多为长廊形，除柱子上面的三路衔条外，其余的部件，如楼板、板壁、门窗、椽子和室内的碗架、床等几乎都用竹子做成。竹楼一般是分隔成三间，各间均有门无窗。屋内根据人口多少设置若干个火塘，用于煮饭烧茶，地上铺上竹篾席作寝榻。房屋的一端开有房门，进门后有一条过道。房间里有一棵木柱，大小粗细不一，木柱在景颇族象征着财产和实力。竹楼以屋脊为界隔成两半，一半是主人家居住和煮饭的地方，另一半用来招待客人，煮猪食，堆放谷物等。竹楼通常七八年重建一次，建房时全寨换工互助，数日即成，并举行隆重的新房落成仪式。

景颇族男子喜欢穿白色或黑色对襟圆领上衣，包头布上缀有花边图案和彩色小绒珠，夕卜出时常佩带腰刀和筒帕。妇女穿黑色对襟，下着黑、红色织成的筒裙，腿上带裹腿。盛装时的妇女上衣前后及肩上都缀有许多银泡、银片，颈上挂七个银项圈或一串银链子或银铃，耳朵上戴比手指还长的银耳筒，手上戴一对或两对粗大刻花的银手镯。妇女戴银首饰越多表示越能干，越富有。有的妇女还爱好用藤篾编成藤圈，涂有红漆、黑漆，围在腰部，并认为藤圈越多越美。景颇族男女老少均喜欢嚼烟草、芦子、槟榔和饮酒，熟人相见则从筒帕里拿出竹筒倒一杯酒相敬。景颇族的服饰，男子喜裹白或黑包头，着黑色衣裤或白衣黑裤，外出佩长刀，背挎包。妇女一般着黑色短上衣和枣红色自织羊毛花围裙，戴黑红色藤制腰箍和腿箍，裹毛织护腿，并佩戴各种银饰物。

"麂血饭团"和"舂菜"则是最富有景颇特色的美食。麂血饭团是用新鲜的麂子血加上饭、净肉末、作料、补品和盐巴趁热拌匀而成的。捏成团即可食用。麂血饭团味美可口、营养丰富，可算作是一种高级补品，是景颇族最珍贵的食品，是接待贵客的佳肴，享有极高的声誉。"舂菜"则是用野菜、野果、瓜、豆、鱼、虾、黄鳝等做成，配上特制的豆豉、大蒜、葱、姜等作料，不仅十分美味，而且由于许多食材是中草药，因而具有清热、健胃、消炎、利尿、解毒等作用。

二十六、柯尔克孜族

柯尔克孜族是我国古老的民族之一。汉文史籍首先著录柯尔克孜先民的是《史记》，称之为"鬲昆"。后来的史书又作"隔昆"。两汉时期多称"坚昆"；魏晋至隋朝称"结骨""契骨""纥骨""护骨"。"黠戛斯"是唐时对柯尔克孜族的普遍称谓；宋、辽、金时期"辖戛斯""黠戛司""纥里迄斯"；蒙元时期一般称作"吉利吉思""乞儿吉思"。

所有这些,都是"柯尔克孜"一词在清代以前各时期的汉语不同译音。清代沿用准噶尔蒙古对柯尔克孜族的称呼"布鲁特",意为"高山居民"。民国初年,仍称"布鲁特"。1935年4月,柯尔克孜成为该民族的正式名称。"柯尔克孜"是突厥语,系本民族的自称,意为"四十个姑娘",也有人认为是"四十个部落"或"山里游牧人'"赤红色"等含义。但一般的解释为"四十个姑娘"。关于柯尔克孜族的起源,中外史籍和柯尔克孜族的传说都有种种不同的说法。这些说法,大都由"柯尔克孜"一词的不同含义引申而出,或言历史起源,或言生活环境,或言体貌特征。流传较为广泛的传说有:"柯尔乌克孜"山里的乌古孜人;"柯尔奥古孜"依山傍河的人;"柯尔盖孜"山里的游牧人"柯尔克居孜"一从四十个方向来归附的部落等。

服饰是民族文化生活的重要组成部分,各民族服饰的式样取材,往往直接受其经济生活影响。柯尔克孜族是游牧民族,因此,它的服饰多取材于牲畜的皮毛。而服装的样式也是为了适应游牧过程中以驼马代步的特点——夏装短小精悍,冬装宽大结实,冬夏皆着长筒马靴。

另外,柯尔克孜族男子还有一年四季戴白毡帽(哈尔帕克)的习惯。'白毡帽用羊毛制成,被喻为圣帽,这是柯尔克孜人最显著的特点。柯尔克孜人对圣帽是相当崇敬的,因此禁忌也很多。比如平日不用时,要把它挂在高处或放在被褥、枕头等上面,不能随便抛扔,更不能用脚踩踏,也不能用它来开玩笑。

柯尔克孜族的饮食中,肉和奶制品占主要地位,这也和游牧经济民族生活中占主导地位有关。

柯尔克孜人进食时,面前席地铺一块餐布,不论多少人皆围在餐布周围，盘腿而坐，共同进餐。人们说柯尔克孜人的毡房有多大，餐布就有多大，以形容其食品之丰盛和待客之热情。柯尔克孜人的特色食品主要有：烤全羊、"肖奴帕"即手抓肉、"库尔玛"即锅烤羊肉块、灌马肠、酸奶酪、酥油、"居布尕"即酥油糖饼、"卡特玛"汉译名为烤酥油卷、"布尔沙克"（油炸面块）、"曲衣布尔沙克油炸果）"沙木沙克"（烤包子）、"曲曲"（水饺）、油散子、抓饭、凉面、花卷、烤饼等。饮品方面有：孢孜酒和马奶酒。

绝大部分柯尔克孜人使用柯尔克孜语，属阿尔泰语系突厥语族。其中居南疆者通晓维吾尔语，居北疆者通晓哈萨克语，居黑龙江富裕县者通晓汉语、蒙古语。

长期以来，柯尔克孜音乐没有文字和乐谱记录，主要是靠民间的"阿肯"（弹唱艺人）、"额尔奇"（民歌手）、"库姆孜奇"（库姆孜琴手）等艺人及广大群众的口头创作，并通过多种演唱形式，口头传授，代代相传，不断发展。

尽管柯尔克孜人的文化生活丰富多彩，也取得了足以令人骄傲和自豪的成就，但这些似乎永远都无法与一部英雄的史诗相媲美。正是这部英雄的史诗贯穿了柯尔克孜人生活的全部。它更像是柯尔克孜人的脊梁，正是因为这部史诗的存在，才使得柯尔克孜人在最危难的时刻咬紧牙关，面对困难无所畏惧。它甚至可以称为柯尔克孜人的灵魂，这就是《玛纳斯》。

作为一部民族民间史诗，《玛纳斯》的传承者和创作者数以万计，这些人被称作"玛纳斯奇"。在过去的一千多年里，世界上没有人能够完整唱出这部史诗，更没有完整的文字记录，直到居素甫，玛玛依的出现。

目前，《玛纳斯》汉文版已经出版，史诗中的重要片断还被译成了英、法、德、日等多种文字。居素甫·玛玛依还获得新疆"天山文艺奖"的首届"贡献奖"。据说老人为了唱完整部《玛纳斯》用了整整五年的时间。在老人唱完后，他兴奋得又蹦又跳像个孩子。

作为柯尔克孜族民间文学的优秀代表作品，《玛纳斯》在中夕卜文学史上也享有巨大的声誉。联合国曾将 1995 年定为"国际玛纳斯年"。

如今《玛纳斯》已不仅是柯尔克孜人的骄傲，它更是整个中华民族的骄傲。

二十七、拉祜族

拉祜族源于甘肃、青海一带的古羌人，早期过着游牧生活。后来逐渐南迁，最终定居于澜沧江流域。清代文献中被称为"倮黑"，自称拉祜，主要分布在云南省南部的澜沧、孟连、双江、西盟等县。从先秦时期起拉祜族不断从青海湖流域南迁到金沙江南岸，然后再迁到澜沧江、红河流域，最初多居住在深山老林，以狩猎采集为主要生活来源。元明以后拉祜族部分从事农业生产，到了清朝，已发展到以农业生产为主。

拉祜族自称"拉祜"，有"拉祜纳"（黑拉祜）、"拉祜西"（黄拉祜）、"拉祜普"（白拉祜）等支系。史称、别称有"史宗""野古宗""苦聪""倮黑""磨察""木察""目舍"等。1953 年，澜沧拉祜族自治县成立，根据本民族人民意愿，统一定族名为"拉祜族"。现有人口四十一万余人。

　　拉祜族属汉藏语系藏缅语族彝语支，大多数人通汉语和傣语。部分拉祜族普遍使用过西方传教士创制的拉丁字母形式的文字。后来，在原有的字母基础上，创制了拼音文字，推广使用。拉祜族主要分布在云南省澜沧江流域的思茅、临沧两地区，相邻的西双版纳傣族自治州、红河哈尼族彝族自治州及玉溪地区也有分布。其中，澜沧拉祜族自治县和孟连傣族拉祜族自治县是最主要的聚居区。另外，作为跨界民族，缅甸、泰国、越南、老挝等国家也有十六万多拉祜人居住。拉祜族聚居地地处亚热带山区，夏无酷暑，冬无严寒，一年中雨季、旱季分明。澜沧地区群山巍峨，河道逶迤，风光怡人，资源丰饶，已发现的矿藏资源有铅、锌、铁、锑、铜、金、银、锰、煤、石膏、石墨、石灰石、水晶石等，尤以铅、锌、铁、褐煤、石灰石蕴藏量丰富。拉祜族经济以锄耕农业为主，旱谷、水稻、玉米是主要作物，除种植粮食以外，还大力种植甘蔗、茶叶、咖啡、橡胶。现在还建起了农机、制糖、制茶、采矿等地方工业。

　　新中国成立前，拉祜族地区社会经济发展极不平衡。中华人民共和国成立后，拉祜族人民获得了新生。澜沧拉祜族自治县、孟连傣族拉祜族佤族自治县先后成立，拉祜族人民享受到了民族平等和当家做主的权利。党和人民政府根据拉祜族地区社会经济发展的不同情况，于1958年完成社会主义改造，经过五十多年的开发建设，拉祜族地区的各项事业都取得了较大的发展。农业生产有了根本改善，许多地方种植了双季稻，粮食产量逐年增加。建起了规模可观的炼铁、农机、制糖、纺织、造纸、水泥、采煤等厂矿企业，其中澜沧铅矿是云南省著名的大型企业。还兴建了一批发电站，仅澜沧县就有大小电站七十多座，全县大部分地区实现了电力照明。

原来各县、区、乡间只有崎岖小径，现在兴修了公路，邮电事业已能为最偏远的居民点服务。商业和农贸市场繁荣，普遍办起小学，县里还有中学，并培养出部分大专院校毕业的专业人才，一支有文化的民族干部队伍也已初步形成。

拉祜族地区盛产茶叶，是著名的茶叶之乡。拉祜人擅长种茶，也喜欢饮茶。茶，是他们的生活必需品。每日外出劳作之前，晚上回家之后，饮茶、品茶是他们的生活习惯，更是一大乐趣。他们可以一日不进餐，但不可一日不饮茶，他们说不得茶喝头会疼。"拉祜人的饮茶方法也很独特：把茶叶放入陶制小茶罐中，文火焙烤，待罐热茶香之时，注入滚烫的开水，茶在罐中沸腾翻滚，之后倒出饮用，谓之"烤茶"或"煨茶"。有客至，必以烤茶相待。但按习惯，头道茶一般不给客人，而是主人自己喝，以示此茶可以饮用，请客人放心饮用。第二道茶清香四溢，茶味正浓，这才献给客人品饮。拉祜族人还用竹筒制茶，竹筒茶制作方法是：将新采的茶叶揉炒之后，放入青嫩的竹筒内压实，然后放到火塘边烤干，再剖开竹筒，取出茶叶即可。它混合了醇厚的茶香和浓郁的竹香，是拉祜族别具风味的饮料。

二十八、黎族

在烟波浩渺的南国海上，有一座绿色的"翡翠"岛海南岛。在这里，可以闻到海风挟来的绵绵椰香，可以听到海浪鸣奏的阵阵天籁；海南岛，这个曾经被古人感叹为天之尽头的神秘地方，这里有浪漫的鹿回头传说，寄托了一段悠长的爱情憧憬，这里有"东方夏威夷"亚龙湾，这里有阳光、沙滩、椰林和带着海浪气息的清爽空气，这里有独特迷人的热带风光，心旷神怡的自然环境，奇特绚丽的海洋资源，质朴淳厚的民族风情。海南岛上除汉族外，世居的少数民族有黎族、苗族、回族。这里是我国唯一的黎族聚居区。椰风海韵之海南，宛如一位清纯美丽的仙女，令人神往、喜爱，又如一颗亮丽、璀璨的明珠悬挂在祖国南疆，而诞生于此的黎族，更披上了一层魅力梦幻的神秘面纱。

在美丽富饶的海南岛上，从远古以来便有黎族及其先民的遗迹，黎族源于古代百越的一支，自称为"赛"，与壮族、布依族、侗族、水族、傣族等民族有着密切的关系。远在秦汉以前，"骆越"的一支就从大陆渡海到海南岛，隋代称海南岛居民为"俚僚"，即黎族的先人。"黎"作为黎族的专用名称，约在宋代以后，一般认为"黎"为"俚"的转化。黎族名称的使用始于唐末，沿用至今。黎族主要聚居在海南省中南部的琼中县、白沙县、昌江县、东方县、乐东县、陵水县、保亭县、通什市、三亚市等七县二市之内，其余散居在海南省的万宁、屯昌、琼海、澄迈、儋县、定安等县。由于分布地区不同和方言、服饰等的差异，其自称有"伴""岐""杞""美孚""本地"等。据考古发现，海南岛新石器时代原始文化遗址有130处，大约距今五千年左右。史学界和民族学界研究认为，这些新石器遗物的主人是黎族的先民，是黎族先民开发了海南岛。秦汉时期，海南岛同汉王朝关系密切，汉武帝时设置珠崖、儋耳两郡，部分大陆汉人迁居海南岛，与黎族土著居民杂居。以后，汉族大量移民海南岛。"村人'、苗族和回族也先后迁徙入岛。大量移民的迁入，带来了先进的生产工具铁器和农耕生产技术，社会生产力进一步发展。

黎族有本民族独特的历法，以 12 天为一周期，每天都以一种动物命名，顺序是：鸡日、狗日、猪日、鼠日、牛日、虫日、兔日、龙曰、蛇日、马日、羊日、猴日，周而复始。但日子的名称、次序也因地区不同而大同小异。

黎族是海南岛上人数最多的少数民族，人口已突破百万，约占海南全省总人口的六分之一。黎族使用黎语，属于汉藏语系壮侗语族黎语支，不同地区方言不同，也有不少群众兼通汉语。1957 年曾创制拉丁字母形式的黎文方案。黎族以农业为主，妇女精于纺织，"黎锦""黎单"闻名于世。从汉代起历代的中央政府大都在海南设置了州、郡、县等行政机构。勤劳、俭朴、勇敢的黎族人民，和汉族、苗族、回族等兄弟民族一道，在其先民开发的基础上迈进，使往昔的"蛮烟瘴雨"之区欣欣向荣，成为富庶的热带宝岛与旅游胜地。可以说，美丽的宝岛孕育了黎族的文化特征及民族风貌。

黎族食用的蔬菜有南瓜、葫芦瓜、水瓜、木瓜、冬瓜和后来才从汉区传人的白菜、萝卜、豆角、葱、姜、蒜、芫荽等。水果有香蕉、酸豆、菠萝、菠萝蜜和芭蕉树芯等。黎族同胞还喜欢吃一种叫做"喃杀"的菜。它是用野菜嫩茎加一点食盐，搅拌均匀以后装进陶罐里，再兑入适量冷饭水，封存一到两个月即可。这种菜酸酸的，风味独特。黎家有"一家煮喃杀，全村闻酸味"之说。海南岛气候炎热，据说吃了酸味浓烈的"喃杀"，可以去热解毒，消除疲劳，防病治病。直到现在，"喃杀"仍然是黎族同胞的美味佳肴。

黎族传统纺织（黎锦〉工艺是黎族人民创造的一项古老的文化。黎族的棉纺织工艺在宋元以前曾领先中国各民族一千多年，对促进我国棉纺织业的发展作出了特殊贡献。

二十九、傈僳族

傈僳族是一个有着悠久历史的民族，为南迁的北方古氐羌族后裔，与彝族同属一个族源。其族名称最早见于唐代。唐代史籍称"栗粟两姓蛮"或"栗蛮"及"施蛮""顺蛮"，均属"乌蛮"，分布在今川、滇雅碧江、金沙江、澜沧江两岸等广阔地带。

元、明时期，傈僳族沦为木土司的农奴，16 世纪中叶，因不堪纳西族木氏土司的奴役和战争的威胁，大批傈僳族在其氏族首领"刮木必"的率领下，于明嘉靖年间，进入怒江，这是最早进入怒江的傈僳氏族。19 世纪后，傈僳族又进行了三次由东至西的大迁徙，傈僳族的十八个氏族先后进入怒江地区，以家庭或氏族为单位，建房开拓，繁衍生息，逐步成为怒江各民族中人口最多的民族。总的趋势是由西北向西南迁移，最远的向西越过高黎贡山，进入缅甸境内，有的则南沿澜沧江经过镇康、耿马进入沧源、孟连，最后迁至老挝、泰国，成为傈僳族南迁最远的一支。

傈僳族主要分布在云南省怒江傈僳族自治州的泸水、福贡、贡山、兰坪等县。其余的散居于云南省中甸、德钦、维西、丽江、永胜、华坪、宁蒗、漾濞、腾冲、陇川、瑞丽、梁河、潞西、临沧、耿马、楚雄、元谋等三十余县，以及四川省的西昌、木里、盐源、盐边、米易、会理、会东等地。与汉族、彝族、白族、纳西族等民族交错杂居。在不断的战争、逃亡、迁徙中，傈僳族人民不得不迁徙深山，过着"垦山而种，地脊则去之，迁徙不常"的采集游猎生活。傈僳族居住区域扩大和分散为许多小块，形成与其他民族杂居及小块聚居的局面。

傈僳族有自己的语言，傈僳语属汉藏语系藏缅语族彝语支。先后使用过三种文字。一种是西方传教士创制的拼音文字，一种是维西县农民创造的音节文字，还有一种是新中国成立以后新创制的拉丁字母形式的文字。

由于生产力的低下，历史上傈僳族的社会经济长期发展缓慢；加上傈僳族先民沿着"三江"频繁迁徙，形成大分散、小聚居的特点，因此发展很不平衡。

有史籍记载可证的，至少在明代，傈僳人尚处在迁徙不定、不事农耕的狩猎、采集经济阶段。怒江地区刀耕火种的原始耕作方式仍占主要地位。生产工具还很简陋，虽已使用铁质农具，但数量少，质量差，还要辅以竹木农具。锄头有条锄和板锄，再有就是男子刻不离身的砍刀。砍刀是傈僳族农耕时最常用工具之一，刀耕火种时用来砍树烧荒，平时用来砍柴，遇上野兽就用来防身，逢山开路，遇水搭桥。土地分火山轮歇地、陡坡锄挖地、半坡牛耕地，还有少量水田。水田过去多为土司占有。1803年，清王朝镇压了起义以后，为防止傈僳族的反抗，曾数次下令收缴并销毁民间的弩弓和砍刀、铁锄等一切农具。1912年〔民国元年）以后，当时的政府又先后几次下令搜缴刀、箭、铁器，并宰杀耕牛，大大破坏了生产力。傈僳族人被迫在生产时只能用竹木农具，种玉米时只能用竹竿或木棍戳洞点种。

新中国成立以后，傈僳族农业发展得到了很大的改善，在不断改进传统耕作方式的基础上，大搞农田水利基本建设，使用先进的生产工具，采用科学种田的方法，粮食产量逐年增加，已基本上能保证人民的生活和生产活动。由于对动植物保护政策的出台和实施，傈僳族人传统的狩猎、采集活动已有很大的改变，而捕鱼业和养殖业则得到了发展。傈僳族善于用鱼坎、鱼钩和"倒织笼"等工具捕鱼。傈僳族还善于养蜂，他们一般以蜂蜜替代白糖。

三十、珞巴族

珞巴族是分布在中国西藏自治区山南、林芝地区的一个少数民族。珞巴一词源于藏语，其意为"南方人'，是藏族人对他们的称谓。珞巴族主要分布在西藏东起察隅，西至门隅之间的珞渝地区，以米林、察隅、隆子、朗县等最为集中。珞巴族人自古就居住在喜马拉雅山山麓，由于高山阻隔，珞巴族人与外界很少接触，社会发展缓慢。各部落还在使用刀耕火种的原始方式从事农业生产，还需靠采集和狩猎维持生活，因此珞巴族男子都是技艺娴熟的好猎手。新中国成立后，珞巴族人民享受到民族平等的权利，在国家和各民族兄弟的大力支援下，走上了现代化的生产道路，经济文化得到迅速发展。

珞巴族大部分居住在雅鲁藏布江大拐弯处以西的高山峡谷地带，山高林密，人烟稀少，交通十分不便。因此，架栈桥、过独木、爬"天梯"、飞溜索、穿藤网，是珞巴族在平时的日常生活中练就的交通绝技。

珞巴族拥有自己的语言，属于汉藏语系藏缅语族。各地方言差异

较大，少数人懂藏语和藏文。珞巴族没有本民族文字，长期保

留着用刻木结绳记数记事的原始方法。

珞巴族是一个人口稀少的民族,但有着很多美丽动人的神话传说。相传大地母亲生了金忽(太阳)的九个兄妹,金冬又生了冬日(老虎),而冬日的儿子阿巴达尼是个非凡人物。他长着四只敏锐的眼睛,前面两只观察光明世界,后面两只监视恶魔妖怪。他能够上天入地,世间万物无不在他的掌握之中。他还是个能工巧匠,发明了制陶术和架桥术,为人类做了许许多多的好事。阿巴达尼就是珞巴人的祖先。因此,珞巴族是一个信奉万物有灵的民族。

珞巴族作为少数民族中人口最少的一个民族,也有着其漫长的反侵略斗争史。珞巴族人民面对殖民主义扩张势力和外国侵略者时表现出了凛然正气和铮铮铁骨。他们不为侵略者的威逼、利诱和挑拨所动,发出了"绝不会抛弃祖宗世代,任何情况下均将效忠"的誓言。他们与侵略者进行了可歌可泣的浴血抗争。

珞巴族又是一个勤劳勇敢的民族,他们所生活的珞渝地区的耕地有水田、旱田和园圃地三种,旱田占耕地面积的 50% 以上。旱地以刀耕火种的原始生产方式为主,这种地多在离村较远、阳光照射充足的山腰林间。被砍伐的树木和灌木烧后,留在地上的草木灰是天然的肥料,可以大大提高土壤肥力,促进农作物生长。水田约占耕地面积的 20%。园圃地离家近,施肥、精耕细作,架有篱笆,主要种植各种蔬菜,边沿栽植香蕉、甘蔗等。农业生产工具简单粗糙,除了少量的铁制砍刀、长刀外,大多数地区还使用着木质工具,如播种用的木尖棍、锄草用的木楸、木锄等。他们种植玉米、龙爪粟、旱稻及其他杂粮,

粮食产量很低。他们在农耕的同时也兼顾狩猎,当捕获到大型

动物时，会在民族或村落内平均分配。

收获季节是最繁忙的，七八月份是夏收，主要收获青稞、小麦、早熟玉米、小米、鸡爪谷、豆类等。水旱稻、鸡爪谷、小米是用两根竹棍夹掉穗头，玉米是掰棒子，小麦、豆类是秧杆收割。刀耕火种地里建有离地一米多高的竹楼，所收玉米全部储藏于内，不上锁，随吃随取，没有发生过失窃情况。因此，珞巴族也被誉为"不上锁的民族"。

珞巴族人还会编制竹筐、竹席、竹笼和竹绳。这些器物，做工精细，品种繁多，都反映了珞巴族物质文化的特点。他们把利用农闲时制作的这些物品和鲁皮、黄连、麝香、熊掌、辣椒、染料草等土特产品，拿到察隅、米林、墨脱等县城附近，从藏族那里换回铁质工具、食盐、羊毛、衣服、粮食、茶叶等生活必需品。

二十一、满族

在中华民族的历史上，有一支民族的祖先曾被人们称为"鹰的民族"。这个民族的祖先曾经只是驰骋于"白山黑水"的崇山峻岭之间，过着"棒打獐子瓢舀鱼，野鸡飞到饭锅里"的渔猎生活。后来，他们渐渐强大，开始像雄鹰一样奋飞搏斗，那莽莽的东北森林无法再阻挡他们飞翔的翅膀，滔滔的黑龙江水也无法吓退他们前进的心。最终，他们进入了关内，征服了中原，并建立了当时世界上最强大的国家清王朝。这就是满族。

满族历史悠久，可追溯到两千多年前的肃慎人。肃慎人是满族的最早祖先。汉代称"挹娄"，南北朝时称"勿吉"，隋唐时称"靺鞡"，辽、宋、元、明几个朝代则称"女真"。长期生活在长白山以东、黑龙江、乌苏里江流域的广阔地区。16世纪后期，努尔哈赤崛起，以女真人为主体融合了部分汉人、蒙古人和朝鲜人，形成了一个新的共同体——满族。

满语来源于古代女真语，属阿尔泰语系通古斯语族满语支，后来在发展过程中融汇了汉语、蒙古语的元素，形成了今天的满语。但是长期以来满族（女真）没有本民族的文字，经常是讲女真语，写蒙古文，非常不方便。

为了解决这些问题，万历二十七年，努尔哈赤命令当时最有学问的满族语言学者额尔德尼和噶盖参照蒙古字母创制出了满文。起初，这种文字没有圈点，后人称为"老满文"和"无圈点满文"。"老满文"并不完善，用起来很困难。所以，天聪六年清太宗皇太极又命精通满、蒙、汉文的满洲学士达海对"老满文"进行改革。改革后的满文，在字母右侧酌情加上了圈点，被称为"有圈点的满文"，也称"新满文"。

满族入关以后，满文成为官方文字，统治者非常重视满文的推广和使用，满文对满族历史和保存中华民族的文化都起到了很重要的作用。随着与汉族的关系越来越密切，满族便逐渐学习汉族的语言、文字，今天满语满文正在慢慢地消失，人们为此痛心疾首，拯救满语、满文的呼吁之声处处可闻。

满语称姓氏为"哈拉"，与汉族人姓名连称和多以单音字称姓氏的习惯不同，满族人一般只称名不道姓，而且满族的姓氏可分为多音节姓氏和单音节姓氏，例如纳兰、爱新觉罗等都是多音节的姓，但都改为了单个的汉字姓。例如人们熟悉的满族八大姓：佟佳氏、瓜尔佳氏、马佳氏、索绰罗氏、齐佳氏、富察氏、纳喇氏、钮祜禄氏，俗呼"满洲八大姓"。后来都分别冠以汉字姓为：佟、关、马、索、齐、富、那、郎。

满族的姓氏和它的历史一样悠久，而且多不胜数。满族多以部落和所居住的地理环境特征为其姓氏，另有一部分姓氏则是汉姓、蒙古族姓等。因为满族在某种意义上说是几个民族形成的共同体，八旗中除纯正的满族人外，还包括部分汉人、蒙古族人、回族人等，所以姓氏除纯女真人的后裔的姓外，还有汉姓、蒙古族姓等。满族入关后由于受汉族文化的影响，改易原来的多音节姓氏，而冠以汉字姓变为单字。冠以汉字姓氏，不是随便更改，常见的有取原姓氏的第一个音节为姓，如原姓赫舍里氏改姓赫、何，佟佳氏改姓佟，马佳氏改姓马；有的取译音谐音为姓，如他塔拉切音为唐；栋鄂氏切音为董。有的取译意之音为姓，如易察汉译意为羊，谐音"杨"姓。也有的取译意为姓，如爱新觉罗译意为金，就以金为其姓。

历史发展到今天，满族已经是一个枝繁叶茂的大民族了，人口数在中国五十五个少数民族当中居第二位，仅次于壮族。满族人的足迹遍布全国各地，分布最集中的要数东北三省，其中辽宁省最多，有 50% 以上的满族人口聚集在辽宁，其余大部分则多分布在河北、内蒙古、宁夏、甘肃、新疆、山东、福建等地，还有一小部分散居于北京、天津、上海、西安、成都、广州等大中城市。

三十二、毛南族

在我国云贵高原东麓余脉和桂西北接壤的崇山峻岭间，生活着中华五十六个民族中的一员——毛南族。毛南族历史上就生活在云贵高原东麓，这一地区熔岩遍布，青山连绵。中部是茅南山，东北部是九万大山，西北部是凤凰山，西南部是大石山区，这里奇峰林立，地形地貌十分复杂，林木苍翠，属亚热带气候，适合于农耕畜牧。毛南族以农业为主，以饲养业和副业为辅，主要种植杂粮，少数地区种植水稻。

毛南族现有七万多人，是中国人口较少的山地民族之一。虽然毛南族人口较少，但他们以悠久的历史和独特的文化闻名于世。毛南族主要聚居在中国云贵高原的茅南山、九万大山、凤凰山和大石山一带，而广西环江县的上南、中南、下南一带山区更是被称为"三南"，素有"毛南之乡"之称。另有少部分人分散居住在南丹、都安等县。毛南人使用毛南语，属于汉藏语系壮侗语族侗水语支。没有本民族文字。由于长期和壮族、汉族杂居，多数人能讲壮语和汉语，通用汉文。

毛南族自称"阿难"，意思是"这个地方的人"。这一称谓表明他们是岭西的土著民族。从宋代开始的汉文史稿中就有记载，今广西环江县境内先后有"茆滩""茅滩""冒南"等地名。岭南百越支系有地名与族名合一之俗，毛南族也是以地名族。解放后，称为"毛难族"。20世纪80年代根据本族意见改"毛难族"为"毛南族"。

毛南族是由岭南百越支系发展而来。唐代以前的僚和宋元明时期的伶，是他们的祖先。

据记载，今毛南族聚居的地区在唐贞观年间为思恩县地，属岭南道环州管辖；宋代曾为抚水州属地；元代属庆远路管辖；明正德元年思恩县属河池州；清代，思恩县属庆远府。光绪年间，在毛南族聚居地区设置"毛难甲"。"甲"之下划分上、中、下三"额","额"设"总团","额"之下设"牌",牌有"牌头",一般管辖十户。为了反抗封建统治阶级的压迫和剥削,毛南族人民曾不断起来斗争。在抗日战争和解放战争中作出了重要贡献。

由于毛南族没有自己的文字,其历史都是用汉文记载的。宋朝任过桂州通判的浙江永嘉郡人周去非在《岭外代答》中,把今毛南族居住的地方称"茅滩",把居住在"茅滩"的人称为"茅滩蛮"。《宋史·南蛮传》又把"茅滩"异写为"茆滩"。两者读音相近,实际上都是一个地方的名称。在《元史》中,亦有"茆滩团""茅滩处"的记载。《明史》记有"茆滩堡"。清朝乾隆年间毛南族谱上记有"毛难甲"。光绪年间绘制的广西地图上标着"茅难山",这又是"茅滩""茆滩"地名之异写。这些史籍记载都是"毛南"名称的同音或近音之异写,说明毛南是由地方名称而发展成为民族名称的。当地的壮族和汉族所称的"毛南人',其意思是"毛南地方的人'。

毛南族有潭、覃、卢、蒙、韦、袁等姓氏,其中以潭姓的人数量较多,约占毛南族的 70% 以上,分布的地区广,其次是覃、卢、蒙姓。历史上,他们是同姓聚族而居,在一个村寨之中异姓杂居的现象很少,后来异姓杂居以至同壮族人民杂居的现象才逐渐增多。

环江毛南族自治县位于广西西北部,云贵高原南麓,这里山清水秀、风光秀丽。自然景观类型多样,环江的北面是山体高大、气势雄伟的云贵高原和九万大山,境内喀斯特山地、丘陵、峰丛洼地、峰林谷地交错发育,发源于贵州省的大小环江从北至南贯穿县境,从峡谷中流过,形成青山巍巍、绿水长流的山水风光。

环江是全国唯一的毛南族聚居县,毛南风情独具特色。这是一块神奇而古老的土地，土地宽广，资源丰富。环江山清水秀，洞多景奇，有如诗如画的长美风光；有多种珍稀濒危的动植物；有气势磅礴的龙潭瀑布；有世间罕见建筑精美的毛南族古墓群；有粗犷豪放的毛南木面舞。主要旅游景点有下庙旅游度假山庄、大才神龙宫、下兰姻缘洞、川山瑞良旅游区、长美崖刻、明伦北宋牌坊和下南古墓群。

三十三、门巴族

在喜马拉雅山南坡的东端是珞渝地区，西毗门隅，在这广阔的地域居住着数万门巴族人。该族使用门巴语，属汉藏语系藏缅语族藏语支，多通晓藏语，无本民族文字，通用藏文。门巴族主要在我国西藏自治区南部，大多数聚居在错那县以南的门隅地区，其余居住在墨脱、林芝、错那等县。

门巴族北接错那县和隆孜县，东接珞渝，南与印度阿萨姆平原接壤，西同不丹毗邻，面积约一万平方千米。这里山高谷深，道路艰险，交通闭塞，历史上被视为神秘的地方，藏语称"白隅吉莫郡"，意为"隐藏的乐园"。地理环境决定了门巴族社会还处于由母系氏族制刚过渡到父系氏族制阶段，所以原始宗教祭礼和生殖崇拜的文化至今还保留着。

门巴族人中的一部分主要居住在门隅，那里的地势北高南低，南北地势差距很大。北部最高处可达海拔 4000 米，而南部海拔高度仅 1000 米左右。北部河谷开阔，包括勒布至达旺的广大地区，有娘母曲江、达旺曲江两条河流经此地，是主要农业区，著名的达旺寺就坐落在北部达旺河谷地带。达旺是门隅宗教、文化中心，气候温和、景色优美、物产丰富，被门巴族誉为美丽的"松耳石盘子"。北部高原边缘，犹如一道天然屏障，将来自南方的温湿气流阻挡在峡谷之中，形成了以波拉山口为界的南北迥异的气候。隆冬时节，高原上已是冰天雪地、寒风凛冽，而河谷地带仍是山清水秀、春意盎然。门隅北部全年气候温和，雨量充足，夏无酷暑，冬无严寒，属山地温带气候。

门隅南部包括申隔宗、德让宗和打陇宗，卡门河的支流比琼河、登卡河流经此地。这里夏季炎热潮湿，蚊蚋丛生；冬季无霜冰，最低气温在 10℃左右，属山地热带和亚热带气候。

这里的门巴族人的农作物主要有水稻、旱稻、玉米、荞麦、青稞、鸡爪谷、小麦、大豆、棉花、芝麻等，一年可收获两三次。并且这里资源丰富，从北到南森林密布。北部多松、柏、桦、杉、青和称巴树。称巴树木质坚硬细密，有花纹，带有少许香气，是寺院雕刻印经版的绝好原料。南部多经济林木，如樟树、漆树、梧桐、橡胶树、茶树、桑树、棕榈等。

门巴族的果木也十分丰富，如芭蕉、柑橘、核桃及多种时令水果。门隅的药材种类也很多，从高海拔地区的雪莲、虫草、三七、天麻、仙鹤草、蛇根草、灵芝、贝母，到低海拔地区的沉香、苦楝、丁香、水杨梅、五味子等都有生长。这里有被列为国家珍稀保护植物的有十余种。门隅地区的深山密林中，经常有大象、虎、豹、熊、犀牛、黑狐、小熊猫、猕猴、獐、鹿、豺等出没；孔雀、天鹅、鹦鹉、八哥、野鸡、杜鹃等更是随处可见。此外还有云母、水晶石等稀有矿藏。

门巴族村寨相对分散，十几户、几十户的村落，往往分几个居民点。房屋结构因气候差别而略有不同。门隅一带的住房用石头砌墙，"人'字形屋顶上覆盖木板，加压石板。房屋一般分三层：上层放草和秸秆；下层关牲畜；中层则是一家人的居所。

门巴族的饮食十分特别，有吃玉米、稻米、鸡爪谷的，也有吃荞麦、小麦和青稞的。门巴族人喜欢以辣椒佐食。而且他们喜用石锅烹饪，他们把石锅译为"可"，用石锅煮出来的饭菜独具风味。门巴族人的家庭手工业十分有名，特别是加工木碗和编织竹器，更是远近闻名。由于门巴族的木碗具有花纹漂亮、结实耐用、便于携带等特点，深受国内外友人的喜爱。藏历正月初一至十五是门巴族喜庆的日子。过年的时候，全村在宽敞的广场唱歌跳舞，表演一种叫做"错木"的门巴戏剧。

门巴族有丰富的民间文学，民歌曲调优美、流传甚广其中以"萨玛"酒歌和"加鲁"情歌最为奔放动人。正是这块民歌的丰地沃壤哺育出了许多著名的浪漫主义诗人。他们的诗词在格律和风格上都保留着门巴族情歌的特色。

三十四、蒙古族

蒙古族是有悠久历史和灿烂文化的民族，传说中的蒙古人已有三千多年的历史；据文字记载，也有一千多年的历史了。蒙古族是一个富有传奇色彩的民族，"蒙古"始见于《旧唐书》记为"蒙兀室韦"，又见于《契丹国志》记为"蒙古里"。此外，还有各种不同记音见于各史籍中。元代以后，固定记为"蒙古"，其意为"永恒之火"。因擅长骑射，别称"马背民族"。蒙古族发祥于额尔古纳河流域，史称"蒙兀室韦""萌古"等。

据《史集》记载，蒙古部最初只包括捏古斯和乞颜两个氏族，被其他突厥部落打败后只剩下两男两女，他们逃到了额尔古涅昆（额尔古纳河畔山岭）一带居住下来，经过四百多年的生息繁衍，部落逐渐兴盛起来，并产生了许多分支。8世纪，由于人口过多，为了更好的发展，不得不向外迁徙。在迁出的蒙古人当中，有一位很有声望的人，名叫孛儿帖赤那，以他为首的迭儿勒勤蒙古自称为"乞牙惕氏"。"乞牙惕氏"人迁徙到了斡难河源头肯特山一带，生活方式以游牧为主。据《蒙古秘史》记载，孛儿帖赤那的十二世孙朵奔篾儿干死后，他的妻子阿阑豁阿又生了三个儿子，传说这三个儿子是感光而生的"天子"，因为他们是从阿阑豁阿洁白的腰里出生的，因此他们的后裔被称为"尼伦蒙古"。在尼伦蒙古中，以孛端察儿为始祖的孛儿只斤氏就是成吉思汗的祖先。

蒙古族始源于大约7世纪的唐朝望建河（今额尔古纳河南岸）的一个部落，与中国北方的东胡、鲜卑、契丹、室韦有密切的渊源关系。现代多数学者认为蒙古族出自东胡。东胡，据《史记》记载在匈奴东，故曰东胡。"是包括同一族源、操有不同方言、各有名号的大小部落的总称。公元前209年，东胡被匈奴冒顿单于所破，1世纪末至2世纪初，匈奴为汉朝所破，东胡人的一支鲜卑人自潢水流域转徙其地，剩余的匈奴人也都自称为鲜卑，鲜卑自此强盛起来。4世纪中叶，居住在潢水、老哈河流域一带的鲜卑人的一支，自称为"契丹"；居住于兴安岭以西的鲜卑人的一支则称为"室韦"。蒙古部就是室韦人的一支，这在唐朝时已有记载，称为"蒙兀室韦"。室韦与契丹同出一源，以兴安岭为界，"南者为契丹，在北者号为室韦"。

12世纪时,这部分人分布于今鄂嫩河、克鲁伦河、土拉河三河上源和肯特山以东一带,组成部落集团。其中较著名的有乞颜、泰赤乌、札答兰、兀良合、弘吉剌等民族和部落。当时与他们同在蒙古高原上的有游牧在今贝加尔湖周围的塔塔儿部,住在贝加尔湖东岸色愣格河流域的蔑儿乞部,活动在贝加尔湖西区和叶尼塞河上游的斡亦剌部。这三部都使用蒙古族语言。另外,还有三个信奉景教的蒙古化的突厥部落,即占据回鹘汗庭故地周围的克烈部,以其西边的乃蛮部,和靠近阴山地区的汪古部。这些部落按其生活方式和发展水平,大致分为"草原游牧民"与"森林狩猎民"两类。第一类包括久住原地过游牧生活的突厥诸部,和后来迁入受突厥影响,完成向游牧生活过渡的蒙古诸部;第二类留居森林地带,主要从事狩猎的诸部。

13世纪初,铁木真在斡难河畔举行的忽里勒台(大聚会)上被推举为蒙古大汗,号成吉思汗,建立了大蒙古国。消除了北方草原长期存在的部落割据混战状态,促进了彼此间的往来和联系。以蒙古部落为核心,共同使用蒙古语言,使各个部落逐渐形成统一的蒙古民族共同体。蒙古国的建立,对蒙古族的形成具有很大意义。从此,中国北方第一次出现了因统一各个部落而形成的强大、稳定和不断发展的民族——蒙古族。于是"蒙古"开始成为民族的族称。大蒙古国随即统一了中国北方,此后在成吉思汗的率领下,不断西征,先后建立了钦察、察合台、窝阔台、伊儿四个汗国。打通了亚洲和欧洲的陆路交通线,促进了东西方文化和经济的交流。元世祖忽必烈于1271年建立元朝并统一全国。统一而强盛的元朝,巩固和发展了我们多民族的国家。

三十五、苗族

苗族族称最早见于甲骨文中，苗族曾经自称"蒙""猛""卯"，这几个字在黔东南苗语中是枫树树心的意思，意指苗人为蝴蝶妈妈的子孙；也有些地区自称"嘎脑""果雄""带叟""答几"等，与古代乌氏族图腾有微妙的联系；在历史上，也曾根据服饰、居住地等不同，在"苗"字前冠以不同的名字以示区分，这就产生了"长裙苗""短裙苗""红苗""白苗""青苗""花苗"等称谓。唐代以前，曾有过"三苗""荆蛮""南蛮""五陵蛮"等称呼，但这些称谓是含混的。正如我们所了解的，"蛮"是中原居民对当时几个南方少数民族的统称。直到宋代以后，苗才从若干混称的"蛮"中脱离出来，作为单一的民族名称。新中国成立后，统称为苗族。

"花苗"作为苗族的一个支系称呼，实际上是针对其服饰多花饰这一特征而言，它所包括的不是同一个支系，而是一个很广泛的支系称谓。在今天分布东至福泉、贵定，西至川南、云南的广大地区，每一县均有一支被当地其他民族称为"花苗"的支系，这些支系因各地不同可能属于不同的支系群体。"青苗"也是一个对各地穿青色服装的苗族群体的称呼，他们不一定是同一个支系。在今贵定以西至川南、云南，"青苗"是一个重要的苗族支系群体。在云南，"青苗"自称"蒙斯""蒙格令查"，意为穿青色衣、穿青色裙子的苗族。"白苗"不是同一支系，而是所有穿白衣的苗族构成的群体。在贵定、龙里、黔西、清镇、罗甸、紫云、大方、毕节、纳雍、威宁和川南以及云南彝良、富宁、马关、宁南、文山和广西隆林、西林均有穿白衣而被称为"白苗"的苗族支系。云南"白苗"支系的苗族自称为"蒙豆""蒙格勒",意为穿白衣、穿白裙子的苗族。"西苗"的称呼来源与"东苗"相同,而且史书记述常把它与"东苗"连在一起。今在凯里、黄平、贵定、麻江等县仍有"西苗"生活,他们自称"古苗"。这些是苗族的主要支系,此外,还有黑苗、红苗、夭苗、平伐苗、紫姜苗等。

如今,苗族主要集中生活在贵州、湖南、云南、湖北、海南、广西等省(自治区),人口约900万左右。族民大多居住在一起,在黔东南和湘鄂川黔的交界地带(以湘西为主),有较大的聚居区,在广西大苗山、滇黔桂和川黔滇交界地带和海南也有小聚居区,由于多次的迁徙,一些地方的苗族则与其他各民族杂居,比较分散。在聚居区,苗族村寨少则几户、十几户,多则百户、千户,各地居住环境差别较大,多为山坡或较平坦的山脚,也有高寒山区。地理环境决定了这些地区以农业为主、狩猎为辅的生产方式,形成了独特的居住与饮食习惯,也塑造了苗族人浪漫而坚毅的民族特色。

每一个民族都有它独特的历史渊源与发展脉络,褪去神话的神秘面纱,透过苗族古歌与史诗中的记载,苗族的族源和远古时代的"三苗""南蛮"有着密切的关系。距今五千多年前,在我国长江中下游和黄河下游一带,古人在这片土地上艰苦劳作,经过世世代代的生息繁衍,逐渐形成一个部落联盟,叫做"九黎"。九黎部落日渐发展,实力日益强大,后来在战争中败给了黄帝部落,但实力仍在。到尧、舜、禹时期,又形成了新的部落联盟,即史书上所说的"三苗"。到商、周时期,"三苗"的主体部分仍在长江中游地区,并与其他几个少数民族一起被称为"荆楚""南蛮"。后来,这一地区的经济日渐昌盛，居民聚集劳作，这些苗族先人创立了春秋、战国时期的一个大国楚国，这些人也就是楚国国民。因此，有人认为伟大的爱国诗人屈原是苗族人，这并无定论，但我们不难看出"九黎""三苗""南蛮"之间有着一脉相承的渊源关系，而且这些称呼里都包括苗族的先民。

苗族的历史在一次次的迁徙中发展起来，苗族人民在一次次的迁徙中逐渐团结到一起，到宋代前后，绝大部分苗人都先后到现在的居住地域定居。历史上，这支蝴蝶后裔的迁徙，经历了很多地方，历尽了千辛万苦，直到19世纪才定居下来，最终形成了今天的居住格局。

三十六、仫佬族

仫佬族是我国少数民族中具有悠久历史的民族之一。同世界上所有的民族一样，仫佬族的古代先民也经历了漫长的原始社会。仫佬族是少数民族中人口相对较少的一个民族，他们是生活在山地的少数民族。他们称自己为"伶""谨"，壮族称他们为"布谨"，汉族称他们为"姆佬"。"仫佬族"一词在民族语言中，就是"母亲"的意思。

仫佬族绝大多数都居住在广西罗城仫佬族自治县，其余散居在忻城、宜山、柳城、都安、环江、河池等县境内，与壮族、汉族、瑶族、苗族、侗族、水族等民族杂居。仫佬族使用的仫佬语与毛难语、侗语、水语相近。大多数人通汉语，部分人还会说壮语。

仫佬族居住的地方青山环绕，溪水长流。江河两岸，山间坝子为发展农业生产提供了良好的环境。仫佬族以种植水稻著称，此外，仫佬族还种植玉米、红薯、芋头、谷子、小麦、高粱等，经济作物有棉花、花生、黄豆、苎麻、芝麻、油菜等。早在明代，仫佬族就已使用铁制农具和畜力耕种。生产技术和生产工具与附近的汉、壮民族大体相当。仫佬族打制铁器工具和烧制缸瓦及陶器手工业，已有几百年的历史。在明代就有了本民族的铁匠。仫佬族制造的沙罐在附近一带很有名。

由于仫佬族生活的地区蕴藏着丰富的煤、硫磺资源，素来被称为"煤乡"，因此，仫佬族人民形成了一种采矿的传统。民国时期，仫佬族地区的煤矿开采量扩大，矿厂雇用了大批仫姥族人民，使仫佬族成为生产工人占人口比重较大的少数民族。仫佬族地区如今拥有煤矿、水泥、化肥、农药、建筑材料、木材加工、食品加工等许多企业，人民生活发生了根本变化。

仫佬族是由古代的"僚人'发展演变而来的，晋代人常璩《华阳国志·南中志》中有关于"僚人"在云贵高原云岭山脉南沿一带活动

的记载。唐宋以后，《岭外代答》《溪蛮丛笑》等史籍中也出现了有关"僚""伶"的记述。可见仫佬与僚、伶有密切的渊源关系。学术界一般认为，仫佬族是从僚、伶中分化出来形成的单一民族，其时间大约在宋代。据历史记载，仫佬族最晚在元代或明朝初年已居住在罗城一带。当时，仫佬族建立了相当于乡、村的里堡组织，并在每年向朝廷交纳夏、秋两个季节的粮税米。

在祖国南疆神奇美丽的桂西北，全国唯一的仫佬族自治县——罗城仫佬族自治县，被称为是凤凰的故乡。在清代，名吏于成龙还

将其喻为"山如剑排，水似汤沸"。这里居住着机智勇敢、聪明勤劳的仫佬族人民，他们世世代代在这如诗如画的土地上辛勤地耕耘着、繁衍着，创造出自己独特的文化，并吸收各民族文化的精华，一代又一代地为自己悠久的历史不断增添丰富的内涵。

罗城仫佬族自治县位于广西北部，河池市东部，云贵高原苗岭山脉九万大山南麓，是全国唯一的仫佬族自治县。

罗城水陆交通便利，邮电、通讯发展迅速。罗城港可到达柳州、梧州、广州及港澳，是河池市唯一的出海通道；枝柳铁路经过县境东部，罗（城）宜（州）二级公路连接宜柳高速公路，能快捷到达区内外各大城市；全县已实现"村村通电话、电视，大部分村开通无线电话"目标，程控电话、移动电话等已走进千家万户。罗城被称为广西"有色金属之乡""煤炭之乡"，已探明的有煤、锡、锑、铅、锌、铜、镍、钒等三十多种，开发潜力巨大。

罗城气候宜人，冬无严寒，夏无酷暑，岩溶地貌，自然生态完整。罗城雨量充沛，气候温和，物产丰富，是广西重要的粮食、畜牧、糖蔗、烤烟、油茶、林果基地之一。此外，珍珠糯玉米、脐橙、红香蒜苔、香菇、大肉姜、九节茶等名特优产品享誉区内外。罗城仫佬族自治县的旅游资源特点可以概括为：浓郁的民族风情与山青、水秀、洞奇、石美、物丰融为一体。

三十七、纳西族

"五十六个民族，五十六枝花"，在中华民族这个大家庭中，纳西族这枝花如空谷幽兰一般沉静地开放在云贵高原之上，令人因发现而惊喜，因了解而热爱。这里有"中国古典音乐活化石"——纳西古乐，这里有世界上唯一"活着的"东巴象形文字，这里有仍具有母系氏族特征的摩梭人，这里还有玉龙雪山、虎跳峡、长江第一湾等风景名胜……近年来，纳西这支古老而神秘的民族以其清净秀美的居住环境，悠久深厚的文化艺术越来越受到世人瞩目。

纳西族人是古代羌人的后裔，多数自称"纳""纳西""纳日"。中华人民共和国成立后，经本民族内部协商，国务院批准，统一称为"纳西族"。我国的纳西族主要聚居于云南省丽江纳西族自治县、维西、中甸、宁蒗县、永胜县及四川省盐源县、木里县和西藏自治区芒康县盐井镇等。

纳西族主要聚居地——丽江纳西族自治县，地处金沙江上游，历史悠久，风光秀美，自然环境雄伟，早在远古时期，就是人类活动的重要地区之一。这里地处滇、川、藏交通要道，古时候频繁的商旅活动，使得当地人丁兴旺，很快成为远近闻名的集市和重镇。纳西人滴滴汗水渗透的五彩石路，向世人述说着茶马古道上这座重镇驿站的漫长历史。

纳西人活动中心城市——丽江古城是一座历史文化名城，它集中体现了纳西族历史文化和民族风俗风情，它的存在为人类城市建设史的研究、人类民族发展史的研究提供了宝贵资料，是珍贵的文化遗产，是中国乃至世界的瑰宝。

"城依水存，水随城在"是丽江大研古城的一大特色。古城倚玉龙雪山雪水、黑龙潭潺潺清泉而建，潭水由北向南蜿蜒而下，至双石桥处被分为东、中、西三条支流，各支流再分为无数细流，入墙绕户，穿场走苑，流布全城，形成主街傍河、小巷临水、跨水筑楼的景象。古城内散布多处水井，井大多取"三眼井"形式。"三眼井"即一井分三眼，三眼相连，依次为饮用水眼、洗菜用水眼和洗涤用水眼。

水是古城的灵魂，建筑就是古城肌肤，水网之上，造型各异的石桥、木桥多达354座，小桥临波，曲径通幽，又形成了"小桥、流水、人家"的美景。民居、街道依山傍水，顺山就势，古朴自然，庭院遍植花木，素有"丽郡从来喜植树，古城无户不飞花"之赞誉。古城的街道与河道密切结合，街景与水景相得益彰。

其实，丽江从前的街场是个土圩场，雨季泥泞过膝，干季风沙遍地。明代土司为改善环境，开挖西河，利用西高于东的地势，人工控制活动石板，定时引西河水入中河，并冲洗五花石铺成的街面，保持城市的清洁干净。到了清代，又开挖东河，把中河水东引入城。这样，三水入城，穿街过巷，又分为无数小渠，与潭泉相连，形成密如蛛网的水系，布满全城。这才有"家家流水，户户垂杨"的江南景色。这应该是人类改造自然，与自然和谐相处的典范。

丽江古城既有山城之容，又有水城之貌，被誉为"东方威尼斯"和"高原的姑苏"。它与同为第二批国家历史文化名城的四川阆中、山西平遥、安徽歙县并称为"保存最为完好的四大古城"。

1997 年 12 月 4 日，丽江古城以悠久的历史、独特的风格、灿烂的文化被联合国世界文化遗产组织列入世界文化遗产名录，成为中国首批受全人类共同承担保护责任的世界文化遗产城市。丽江古城申报世界文化遗产获成功，填补了我国在世界文化遗产中无历史文化名城的空白。

三十八、怒族

怒族自称"怒苏""阿怒"和"阿龙"，意思是峭壁千仞、雪峰连绵、河谷低陷的怒江峡谷的主人。他们世代居住在大峡谷，休养生息，延续子孙。目前在怒江，怒族大概有 2.87 万人，主要分布在云南省怒江傈僳族自治州泸水、福贡、贡山、兰坪等县，此外迪庆藏族自治州维西县境内也有一部分。

怒江发源于西藏唐古拉山，奔腾于高黎贡山和碧罗雪山之间。两岸山岭海拔均在 3000 米以上，最高点为 1400 米，最低为 760 米，因它落差大，水急滩高，有"一滩接一滩，一滩高十丈"的说法，十分壮观。

怒江两岸多危崖，山势陡峭，形成了一条山高、谷深、奇峰秀岭的巨大峡谷，这就是有名的怒江大峡谷。峡谷中生长着很多种珍稀动植物，据中国科学院昆明动植物所 1978 年对碧江野生动植物的鉴定，查明动物种类有数百种，其中仅被保护动物中的兽类就达 78 种，重点保护的有 27 种。有羚牛、马麝、云豹、印支虎、猕猴、熊猴、戴帽叶猴等；大青树、大树杜鹃、楠木、松杉甚至还有亿万年前遗存的"活化石"树蕨。作为"药材王国"桂冠上的一颗明珠，这里生长着许多名贵的药材。1949年以来怒江已采用和栽培的药用植物就达100多种。

在怒江大峡谷中怒族是最为古老的土著。根据元代地理志书记载"蛮名怒江","蛮"是古代对西南少数民族的统称,怒江的"怒"是少数民族语,是怒族的自称,江名自是因怒族而得。按古人的地理观念,江流从怒族地方而来,冠之以族称,也顺乎常理。以后,由"怒江"一名演化而来的地名也很多,如称碧罗雪山为"怒山",称怒江为"怒水",称大峡谷为"怒山怒水""怒地""怒地方"等等,所指的都是怒族居住的地方。像这样以一个民族的名称而命名的江,在全世界都是十分罕见的。而怒江水那奔腾不息的形象,正好是怒族人民自强不息,不断奋进的真实写照。

怒族大多居住在两山海拔1500—2000米处的山腰台地上。因为他们的生存环境十分恶劣,怒族一般以血缘为单位组成一定的聚居村落。因地处森林,他们拥有的土地资源十分贫乏,以血缘为单位聚居,很容易产生凝聚力,对共同克服困难有着十分重要的作用。怒族村落规模大的一般有一百五十户左右,中等的村落大概有四五十户,小者不足十户。此外,由于特殊的地理环境,单家独户自成村落的也占有一定的比例。

怒族的族源极为复杂,从民间传说及相关文献资料来看,怒族有至少两种不同的来源:其中一部分来自古代的庐鹿蛮(彝族先民),元代文献称他们和今西昌、昭通一带的彝族为"庐鹿蛮"。原碧江县(现已一半划归福贡县,一半划归泸水县)的怒族自称"怒苏",和今日大小凉山彝族自称"诺苏"语义相同;其二福贡、贡山的怒族则可能来自怒江北部贡山一带,自称"阿龙"或"龙"的古老族群。

　　怒族虽然来源不同，但他们都是怒江流域最早的土著居民，由于共同居住在一个区域内，经济文化互相往来、互相通婚、互相融合，已逐步形成了一个民族，即今怒族。怒族所居住的怒江和澜沧江两岸，由于元以前的历代封建王朝对该地区的统治不甚深入，而在史料上难于见到对怒族及其分布地区的明确记载。到了明代初年才在钱古训、李思聪的《百夷传》中首次见到最早的有关记载。

　　怒语属汉藏语系藏缅语族，民族支系的不同使各支系的语言特点不同，其中阿龙语与独龙语相通，另外三个支系的语言各自具有自己的特殊结构和规律，各个支系之间语言不相通，但因其同属一个语族，因此具有同语族的基本特点。在与邻近民族的交往中，不少怒族人已转而使用别的民族的语言，使用本民族本支系语言的人很少，很多人兼通好几种其他民族语言。如阿侬支系的人几乎全部转用傈僳语，在剩下的使用阿侬语的人中，也都懂傈僳语，仅在家中使用本民族本支系语言，且怒族各支系语言都没有文字。

三十九、普米族

普米族原是青藏高原的一个游牧部落，13世纪时他们逐渐南迁到滇西并定居下来，历史上称其为"西番"。普米族还称自己为"普英米""普日米"或"培米"。普米族现有人口33600人，主要居住在我国云南西北高原的兰坪老君山和宁蒗的牦牛山麓。少数分布在丽江、永胜、维西、中甸以及四川的盐源、木里等地，在那里他们与汉族、白族、藏族等民族杂居在一起。他们大都从事农业，主要农作物有玉米、小麦、青稞、豆类、薯类等，并且兼营家庭手工业。现在，在大力发展农副业的基础上，同时他们也兼营畜牧业。普米人还建成了铅矿、盐矿、铁工厂等工业企业，建造了发电站。

普米族居住的地区属于温带季风气候。这里全年雨量非常充沛，全年降雨量可达到900—1000毫米，其中80%的雨量集中在6—9月。普米族的主要居住地宁蒗、丽江、兰坪的年平均温度相差不大，分别为12.7℃、12.6℃、11.3℃。兰坪县的霜期一般为131—165天，宁蒗县是270天。丽江县的日照时间是最长的，达到2500小时，兰坪和宁蒗分别为1979小时、2304小时。由于普米族居住地的地形比较复杂，并且海拔高度差别大，因此各地的气候差异变化也很大，深谷地带平均海拔在1400米左右，春季干燥多风，夏季炎热，秋季凉爽少雨，冬季较短不冷；半山区凉爽，冬无严寒，夏无酷暑，四季温凉；高山地区则终年积雪覆盖，气候寒冷。由于气候随着海拔高低的变化而变化，所以往往一个区或一个乡内，同时有热、温、冷三种气候。因此当地人称这里的气候为"一山有四季，十里不同天"。

由于普米人大多居住在海拔3000米以上的高寒地带，因此其耕地的绝大部分是山地，而部分为平坝地，河谷地区有少量水田。山地分为常耕地、轮耕地和火烧地三种，但是普米人对土地的利用已经固定化。普米人在长期生产实践中积累经验，耕作技术已经比较精细，在农业生产中普遍实行轮作制，也十分注重间作和套种，土地休耕期间普米人将它作为牧场来使用。

普米族的先民是游牧民族，擅长饲养和放牧，因此普米族的畜牧业虽然与农业相比居于次要地位，但是仍然十分发达。普米族饲养的牲畜以牛、马、骡、羊为主；家畜普遍饲养猪、鸡、狗、猫。普米人一般将收获粮食的三分之一作为饲料用于家畜的饲养。

由于普米族聚居地区大多交通不便，因此一直处于自给自足的自然经济状态。其手工业也大多是对农副产品的加工，如纺织、皮革、酿酒、铁器制造、榨油、竹器编制等。其中宁蒗地区普米族的木漆碗制作精致，远近闻名。

普米族有自己的语言，属于汉藏语系藏缅语族羌语支。他们各地的方言差别不大，一般都能互相通话。尽管拥有自己的语言，普米族人在与周围民族和睦相处的交往过程中也掌握了多种民族的语言。例如汉族、白族、纳西族、藏族等民族的语言。

普米族没有流传至今的文字，只发现有一种处于文字前身状态的刻划符号，在宁蒗和木里的普米族曾经使用过简单的图画文字，字数虽然很少，但已经可以堪称是萌芽状态的原始文字了。他们曾经还用藏文字母来拼记普米语，用来记载本民族的历史传说、故事和歌谣等，但流传并不广后来多被巫师用来书写经卷。现在，普米族地区大都普遍使用汉文了。

普米族崇拜自然，崇拜祖先，信仰多神，少数人信仰道教或藏传佛教。节日有大过年、大十五、尝新节等。

按照古老的习俗，普米族儿童只能穿长袍大褂，13 岁以后才改穿衣裤、衣裙式短装；成年男女无论衣着如何，都要外披羊皮坎肩或披肩，系腰带；妇女还以发辫粗大为美，喜欢用牦牛尾和丝线编入发辫中，然后盘在头顶；宁蒗地区的普米族妇女穿束腰、多褶的长裙，在裙子的中间，通常都横绣一道红色彩线。她们说这是祖先迁移的路线，人死了以后需沿这条路线去寻找自己的归宿，否则就回不了老家。

四十、羌族

羌族是祖国多民族大家庭中历史最悠久的民族之一。早在三千多年前殷代的甲骨文中就有关于羌人的记载。羌，是当时中原部落对西部（陕西、甘肃、宁夏、新疆、青海、西藏、四川）游牧民族的泛称。历史上因时代、地域的不同，羌人又被称之为"姜""氏羌""西羌"等。

羌族人自称"日麦"（四川话发音 mei，入声）"尔玛"等，意思是本地人。羌族聚居区山脉重重，层峦叠嶂，地势陡峭。羌寨一般建在半山，因此羌族被称为"云朵中的民族"。羌族古老神话认为，羌人是天神的外孙子民，女娲视木吉卓及其祭师阿巴木拉来自上天，他们沿着高耸入云、白雪皑皑的雪隆包来到凡间。羌人祭天神就选择了离天最近，曾经降神于斯的雪山之巅作为圣山。羌区境内有岷江、黑水河、杂谷脑河、白草河、清漪江等。这些河流水势湍急，自然落差大，水力资源非常丰富，是修建水电站的理想之地。从天空望去，那富有特色的羌族石碉房、碉楼和梯级电站如明珠万斛般散落在羌山的怀抱里。

羌区气候温差较大。初秋季节，当河谷地区紫罗兰盛开的时候，高山上却已有了皑皑白雪。全年平均气温为 11℃，年降雨量 500 毫米，无霜期在 200 天左右，很适合农作物和树木的生长，所以成为了川西北主要的产粮区和经济林木基地。羌族地区物产资源丰富，矿产资源有磷、猛、钒、钛、石膏、大理石等。野生动植物种类繁多，优质树种有冷杉、云杉、桦树、银杏、红豆杉、合欢等。中药材以虫草、天麻、贝母等较著名。在这里生长着大熊猫、小熊猫、金丝猴、扭角羚、豹、毛冠鹿、盘羊、红腹角雉等属国家重点保护的珍稀动物。

羌族人民很早就发展了农业。他们很可能是麦种的创造者，我国最早的麦民。迄今在甘肃、青海、新疆、四川、云南等羌族故地，均有麦作遗存发现。其时间在距今三千年前。除麦外，羌族还种植粟米，同时，羌族还培植了芜菁（圆根）、芸苔（油菜）、核桃、花椒等作物。从前，岷、涪江上游羌族主要种植玉米、青稞、小麦、大麦、土豆、豆类等粮食作物；经济作物主要是核桃、花椒、苹果、茶叶、油菜等。玉米、土豆分别于清乾隆、同治年间传入，苹果系于民国年间引种，其余则均为羌区传统作物。所产土豆、白云豆都十分著名。而"茂县苹果""茂县花椒""北川茶叶"皆是四川名产。

羌族畜牧业历史久远，早在远古时游牧于中国西部高原、山地的羌族先民即已成功地驯养了羊、牛、马、犬等家畜。孕育出世界上古老卓越的畜牧文化。今天羌族地区的牲畜仍以羊为主，食其肉，衣其皮，并用于馈赠，羊是财富的体现。被誉为"高原之舟"的牦牛，也很早便为羌族驯养成功。至少在殷、周之际，他们已将凶悍、狂暴的野牦牛驯育成乳、肉、毛兼用的家畜，其产品已销到中原地区。此外，羌人很早就把牦牛和黄牛杂交创造出犏牛这样一个新型家畜。其性格之温顺，产乳量之高，肉味之美，驮运挽犁力之强，以及对气候变化的适应性，均远胜于牦牛。羌人分布的甘肃、新疆、四川等地，历史上也以产"良马"闻名。在驯养肉食野兽方面，羌人创造了出色的成就。这就是藏犬的驯化。藏犬原是青藏高原的一种凶狠的猛兽，以食草动物为食料，进入高原的羌人经过激烈的斗争征服了这种野兽，并把它驯养成助猎、守家、保卫人畜的忠顺家畜，这是人类驯兽的奇迹。

羌语属汉藏语系藏缅语族羌语支，可分为南北两大方言。南部方言通行于茂县的沙坝、较场、凤仪、土门区，注川县的藏州、理县的通化、薛城区等地区。北部方言通行于茂县的赤不苏区和黑水县的大部分地区。羌语方言、土语内部差别比较大，但南北两大方言的基本词汇相同，虽然在语音上有所差别，但有严格的语音对应关系。现在，南部方言地区通用羌、汉两种语言，在公路沿线，除了老年人、壮年人还能说羌语外，青少年中会讲羌语的已渐渐减少。北部方言地区和偏僻山区，羌语还在广泛使用。

四十一、撒拉族

撒拉族自称"撒拉尔",在汉文史籍中还有"撒拉儿""沙剌""撒剌"等多种写法,因信仰伊斯兰教,又被称为"撒拉回",当地其他民族称之为"撒拉"。撒拉族,是我们祖国大家庭中一个人口较少的少数民族,但历史悠久,迄今为止已经有七百多年的历史。

撒拉族使用撒拉语,有自己的民族语言,属阿尔泰语系突厥语族西匈奴语支乌古斯语组。分街子、孟达两种土语,孟达土语里较多地保留着古代撒拉语特点,但唇状和谐已经松弛,重音一般落在词的最后一个音节的元音上。在固有的词里,元音的清化现象比较普遍。塞音和塞擦音没有清浊区别,只有肖音送气和不送气两套。各种构词和构形的附加成分比较丰富。撒拉语的基本语法结构是:主语—宾语—谓语,定语和状语都在中心词的前面。由于长期同周围的汉族、回族人民密切交往,撒拉族语言吸收了不少外来借词,尤其是解放后,随着政治、经济、文化的发展,各类借词越来越多,大大丰富了撒拉族的语言。由于伊斯兰教的影响,撒拉语中也掺杂着少量的阿拉伯语言和波斯语的借词,但是这主要是宗教生活和日常生活上的词。另外撒拉语中也有一些藏语借词,不少撒拉人还会说一口流利的藏语。

撒拉族地区主要位于青藏高原边缘,主要聚居在全国唯一的少数民族撒拉族自治县——青海省循化撒拉族自治县,以及和它毗邻的化隆回族自治县甘郸乡和甘肃省石山保安族、东乡族、撒拉族自治县的一些乡村。还有少数散居在青海省西宁市及其他州县,在甘肃省夏河县、新疆维吾尔自治区的伊宁县、乌鲁木齐市等地,也有少量分布。根据 2000 年第五次全国人口普查统计，撒拉族人口数为 104503 人。撒拉族主要从事农业，相对而言，园艺业也很发达。

撒拉族聚居地，还具有发展农业的良好自然条件。那里农产品种类繁多，粮食作物有小麦、青稞、荞麦、玉米、谷子、洋芋和豌豆、蚕豆、大豆等。油料有油菜、胡麻。黄河沿岸川水地区盛产瓜果，素有"瓜果之乡"的美称。撒拉族有经营园艺和花卉的传统习惯，很多人家都有果园和果树，栽培梨、杏、葡萄等果品；还种植西瓜、小葱、大蒜、韭菜等二十多种瓜菜，除满足当地需要外，还供应周围的农牧业。

撒拉族饮食是民族习惯的一个重要方面。撒拉族不食猪肉、血液、自死物和诵非安拉之名而宰杀的动物，绝大多数人不饮酒。这些习俗都来源于伊斯兰教。

撒拉族不饮酒的习惯也来源于伊斯兰教。《古兰经》上提到关于酒的地方有三处，它反映了伊斯兰教对酒从限制到禁止的历史过程。

撒拉族人居住集中，不论大小，自称区域。因此，血缘较近的"阿格乃"和"孔木散"（家族组织）居住在同一区域，虽与回族同信一教，由于居住区域分明，宗教活动的界限也很清楚。对住宅历来十分讲究，庭院建筑别致。住房四周围以土墙，称"巴孜尔"，亦称"庄郭"。屋内墙壁上张贴着阿拉伯文"库法体"书法，显得素雅、庄重、洁净。在墙院四角顶上，放置着白石头，这与当地藏族习俗相同。筑"巴孜尔"时，同一阿格乃、孔木散的男子都来相助。

撒拉族民间流传着许多以说、唱为主的口头文学，包括神话传说、故事、寓言、谚语和撒拉曲、宴席曲、"花柳"等多种形式。

其形式包括：“玉尔”（情歌）、撒拉“花儿”、宴席曲、民谣、劳动号子、儿歌、摇篮曲等。民间乐器以“口细”最具特色。“口细”一般以铜或银制成，长约半厘米，小巧玲珑。吹奏时音量较弱，音符起伏不大，但其声如泣如诉，缠绵动人，为撒拉族妇女所钟爱。

“玉尔”是撒拉曲的主要形式之一，是撒拉族人民用本民族语言演唱的一种传统情歌。这种情歌只能在田间、野外、磨房等背人处唱，严禁在村宅内演唱。“玉尔”集中反映了撒拉族青年男女对自由婚姻的追求，其中影响较大的作品有《巴西古溜溜》《撒拉尔赛西布尕》《皇上阿吾尼》《艳姑居固毛》等。

四十二、畲族

畲族是我国众多少数民族中人口较少的民族之一，分散居住在我国东南部福建、浙江、江西、广东、安徽几省境内，而福建、浙江的广大山区中就居住了90%以上。他们自称“山哈”。“哈”畲语意为“客”，“山哈”，即指居住在山里的客人，景宁汉族称其为“客家人’，畲族则称汉族为“民家人’。

隋唐之际，居住在福建、广东、江西三省交界山区的包括畲族先民在内的少数民族被泛称为“蛮”“蛮僚”“峒蛮”或“峒僚”，他们在极其艰苦的环境下拓荒殖土，从事农业生产和狩猎活动。到了唐代，唐王朝在畲族先民聚居的福建漳州、汀州一带施政，并实行辟地置屯等一系列发展经济的措施，使畲族山乡经济得到了发展，畲汉两族之间的关系变得日益密切。南宋末年，史书上开始出现“畲民”和“拳民”的族称。（“畲”，意为刀耕火种）同时随着封建制度的不断压迫，畲族人民被迫不断迁徙。同时也多次起义反抗。他们往往是和被压迫的汉族人民一起，团结战斗，给封建统治者以沉重打击。解放后，才正式改称为"畲族"。畲族使用畲语，属汉藏语系苗瑶语族。无本民族文字，通用汉文。

畲族有盘、兰、雷、钟四大主姓，盘瓠王应为古代的部落联盟首领，与三公主结婚后生三男一女，得到高辛皇帝敕封，封长子盘自能为南阳郡武骑侯，次子兰光辉为汝南郡护国侯，三子雷巨佑为冯翊郡立国侯。另有一女名淑玉，其婿钟智琛被封为颍川郡敌国侯。畲族的盘姓极少，据闽东传说及族谱记载，他们是从广东潮州凤凰山自海路迁徙时，姓盘的一船被风吹到"番国"，未到达连江登岸，故闽东现无盘姓之畲民。

畲族主要分布在东南丘陵地带，境内山岭重叠，溪流回绕，靠近海洋，气候温和湿润。海拔在500—1500米，冬季比较寒冷，但霜期很短。雨量充沛，土壤肥沃，物产丰富，风调雨顺。农产品以稻谷、红薯、麦子、油菜、豆类、烟叶、土豆为主。山区盛产林木及毛竹，是畲族人民主要经济收入之一。木材积蓄量很大，树木种类繁多，是我国重要林区之土特产异常丰富，有茶叶、油茶、纸、笋干、花生、苎麻、香菇、樟脑、松油和名贵药材。山区的矿藏也非常丰富，有煤、铁、金、铜、明矾、石墨、石膏、硫磺、滑石、云母石、瓷土以及其他多种有色金属。

畲民很大一部分居住于地处浙江西南边陲的景宁畲族自治县，该县则是我国唯一的畲族自治县，也是华东地区唯一的少数民族自治县。该县在悠久的历史长河中孕育了璀璨丰富的民族文化，有着独特的韵味，散发着鲜明的民族风情。景宁县群山连绵起伏，海拔千米以上的高峰有七百余座，千山屹立，云雾缭绕。原始植被葱然林立，野生动植物资源丰富，成为全省林业重点县和全国生态示范建设县。在这片"九山半水半分田"的典型山区里，古老的畲民依山而住，依山而垦，这也形成了独具特色的"高山云梯"。于是淳朴的畲民也称自己为"山哈人'。

浙江景宁畲族自治县独一无二的畲族风情是我国华东沿海一带最具代表性的民族风情旅游线，同时其优质的自然生态和宜人清新的气候环境更是被人们称之为华东的"后花园"，山哈寨畲族风情旅游区就位于这民族风情与山水生态俱佳的新兴旅游区中。山哈寨是以生态古村为基础，畲族文化为主题，集休闲、体验、会议为一体的综合性旅游区。它处于景宁城郊，距县城6千米，有柏油路直达景区，交通极为方便。悠久的畲族文化，浓郁的民族风情，山哈寨旅游区全面、生动地展示了畲族风采。典雅古朴的畲族祖宗祠、别具一格的猎神庙、精致大方的畲字寨门、独一无二的古廊桥、神奇的天棺与祭天坛，再加上六十多幢古老的畲族农家小院都深深体现了畲族特有的历史积淀和文化魅力。

四十三、水族

在贵州这片热土上，居住着水族这样一个少数民族。他们主要从事农业，善种水稻和糯稻。贵州地形属于高原山地，所以在高原山地上，各个山头都分布着层层的梯田。水族人民的家园是"房前有田，屋后有竹"。因为按照习俗，各家每有孩子降生，都会在屋后种上竹子，以显示家里的人丁兴旺。水族在民歌中，以"像凤凰羽毛一样美丽"来形容自己的家乡。水族人民风淳朴，水乡山清水秀，林郁物丰。无论谁到水乡，都会被水民置为上宾。

水族自称"虽"，汉字音译为"水"，是水族自称的音译，并非是自称的意译。在中国古代史上，水族曾被统称为"洞溪之民""蛮""僚""苗"等。现统称为水族。水族主要分布在黔南布依族苗族自治州的三都水族自治县（三都县是全国唯一的水族自治县，贵州的水族人口主要聚居于该县境内），荔波、独山、都均及黔东南苗族侗族自治州的榕江、黎平、从江、麻江等县，共有36.97万人，占水族总人口的90.86%。另外，水族人口在1万人以上的有云南省和广西壮族自治区。在水族聚居的地区也居住有部分汉族和苗族、布依族、侗族、瑶族等兄弟民族。

水族有自己的语言，属汉藏语系壮侗语族。水族原有一种古老的文字，称为"水书"，造字方法有象形、会意、谐音和假借，通用单词一百多个，现在则通用汉文。这些文字全靠誊写抄录，没有刻版印刷，但各地的水书基本一致。但由于"水书"仅限于在宗教活动中使用，在日常生活中并不普及推行，所以大部分水族人不认识。他们日常生活中通用汉文。

在漫长的历史过程中，水族人民和各族人民在一起共同劳动，相互学习，促进了各民族的共同发展，结成了不可分割的整体。尤其是在同汉族的密切交往中，不断地接受先进的生产技术和文化，对水族地区经济和文化的发展，起了很大的促进作用。

根据有关文物考证和水族古老的民间传说、歌谣反映的内容来看，水族不是当地的土著居民。但是，关于他们的来源，传说颇不一致，大体上有两种说法。

　　其中一种说法认为是从广东、广西迁来的。水族民间有一首古老的歌谣——《在西雅，上广东》，这首歌谣概括地叙述了他们的祖先原居住在广东、广西一带。后来有兄弟三人为了谋求生活，寻找栖身的好地方，他们越过重重大山，跨过无数溪流，历尽了千辛万苦，大哥溯红（浑）水而上，老二渡红水经南丹（广西）来到了佳容（今荔波县属），继而迁居三洞（今三都水族自治县境内早在唐贞观三年就已经有关于这一地区建立应州府及头人谢元深入朝觐见的记载。据占水族人口较多的潘姓族谱记载，他们在三洞定居已有三十三代，约合八百年左右的时间，约当宋朝南渡（1127年）以后，在《宋史》关于抚水州的记载里，也可以看出宋代水族先民在龙江上游一带活动的情况。这样可以比较可信地反映出古代水族先民从岭南沿红水河和龙江向西北方向移动的情况。另外，从水族的某些祭祀仪式和生活习俗上去考察，也能使人从中看出某些反映这种迁徙的迹象。如巫师在祭祀"谷魂"巫词中，就有谷种是水族先民从海边沿江河而上迁徙时带来的说法。并且在祭祀水书创始人拱陆铎的咒语中，也叙述了拱陆铎从那造人的地方，跨过岔河口，经广东、广西逐步来到荔波等地，来到基龙好地方和基赖富饶地方的迁徙过程。从水族风俗上看，老人过世在未下葬之前，家人及亲属都要忌荤吃素，但是不忌鱼虾等水产品，而且反而要用鱼去作为必要的贡品。并且在盛大的节日里，祭祀和宴请客人时，鱼也都是不可缺少的。另外，在水族语言中，至今仍保留着极为丰富的有关渔业方面的词汇，这一切很可能是因为古代水族先民曾在濒临于海洋或河汊湖泊一带地区生活而形成的一种遗俗和影响。

四十四、塔吉克族

在"世界屋脊"帕米尔高原的东部最高处，我国的塔吉克族世代居住。这里临近阿富汗、伊朗、塔吉克斯坦等国家，生态条件特殊而又严峻，但是塔吉克族顽强生息，世代繁衍，到 2000 年第五次全国人口普查统计，塔吉克族人口数已经达到为 41028 人。虽然人口少，但这个独特的民族是中华民族大家庭不可或缺的一员。

据考古发现，在公元前若干世纪，操东部伊朗语的部落分布在帕米尔高原东部的部分，就是中国塔吉克族的先民。"塔吉克"是本民族的自称，据民间传说，该词的原意为"王冠"。生活在塔什库尔干地区的人民早在唐代以前就自称为汉日天种，是汉土公主和太阳神的后代。塔吉克人至今仍称自己是太阳部落的人。

塔吉克族和新疆其他的信仰伊斯兰教的民族不同，他们对汉族的亲近不仅仅在于文化上，甚至在血缘上也有关联。

今天的塔吉克族主要分布在现在的新疆维吾尔自治区西南部塔什库尔干塔吉克族自治县，其余分布在莎车、泽普、叶城和皮山等县。

我国的塔吉克族有自己的口头语言而无文字，他们的语言属印欧语系伊朗语族帕米尔语支。塔吉克语中主要有色勒库尔方言和瓦罕方言，今塔什库尔干塔吉克自治县境内的塔吉克，大部分说色勒库尔方言，少部分说瓦罕方言。莎车等地的塔吉克族使用维吾尔语。现有 60% 的人通用维吾尔文，还有一部分人使用汉字。

塔吉克族是拥有多种信仰的民族，但是千百年来伊斯兰教在塔吉克族所信仰的各种宗教中依然占据主导地位。我国的塔吉克族的信仰属于伊斯兰教什叶派的。塔吉克族是我国唯一信仰这种教派的民族，不同于我国其他信仰伊斯兰教的民族。这种独特性更体现在他们的服饰和风俗等方面。

服饰塔吉克族人普遍认为，民族服装可以体现本民族的形象，是本民族的象征。因此，大多数村民非常重视民族服装。现在的塔吉克族有一些村庄将传统服饰保存得比较好，在这些村里随处可见身着民族服装的塔吉克村民。村民们都有戴帽的习惯，男子冬夏都戴一种叫"吐马克"的羊皮帽。女子戴一种刺绣精美的"库勒塔"帽，无论是在家还是外出劳动他们都不摘下帽子。

塔吉克妇女不仅重视衣饰胸前、领、袖口的装饰，还特意装饰身后，组成衣饰的整体协调。背后的装饰与服饰源流一样，具有人类文化的因素、历史的沉淀、宗教信仰、生活习俗的社会背景，是少数民族对于美好生活的憧憬，表现出极其丰富的内涵和鲜明的个性。

受维吾尔族人影响，塔吉克族人的许多食品与维吾尔族做法一样。烤馕用面粉制作，抓饭用大米加羊肉、羊油、胡萝卜等做成。

在民间，塔吉克族最喜欢用清水将较大的肉块煮熟，然后蘸盐吃，认为是原汤原味，把这种食肉的方法称为"西尔乌"，现在也叫做手抓羊肉。

在塔吉克族人的观念中，特别强调珍惜粮食和食盐。他们认为用脚踩食盐和食品的人是有罪之人。当他们见到盐和食品落在地上，会自觉地拣起来放在高处不容易被踩到的地方。吃饭时，他们禁止把剩菜、剩饭倒在地上。

石头城，位于新疆塔什库尔干塔吉克自治县城北侧，塔什库尔干，突厥语意为"石头城"。海拔 3100 米，地势极为险峻，是新疆境内古丝道上一个著名的古城遗址。

站在石头城上，面前是帕米尔高原上积雪的山峰、静静的小河、草原放牧中的牛羊。在黄昏的时候去石头城最佳，太阳快要落山的时候，整座石头城会呈现斑斓的色彩，开始整座城只是灰黑色，接着就会还有砖红和赫石。尽管风吹日晒，它的轮廓仍然较为完整。

塔吉克族人虽然生活在终年积雪的帕米尔高原，但这里并不寂寞，尽管他们失去了往日古丝绸之路的繁荣，但这里完整地保留了他们古老、淳朴、奇特的伊斯兰文化，使我们今天有幸能见识这个民族独一无二的高原冰山文化，让我们有幸领略到具有神奇色彩和迷人魅力塔吉克风情。

四十五、塔塔尔族

塔塔尔族是我国少数民族之一，属于白色人种，而且人口很少，根据 2000 年第五次全国人口普查统计，塔塔尔族人口数为 4890 人。

塔塔尔族主要在新疆维吾尔自治区境内散居，稍微集中的是伊宁、塔城、乌鲁木齐等城镇。除此之外，奇台、吉木萨尔和阿勒泰等县的农牧区也有少数的塔塔尔族人居住。

"塔塔尔"在汉文史籍中多作"鞑靼"。这一名称最初是指古代塔塔尔诸部落，塔塔尔族的祖先是中国古代北方游牧的突厥汗国统治下的"塔塔儿"部落，即后来的"鞑靼"本部。它曾在历史上统治过许多部落，8世纪时，突厥人把东面室韦诸部统称为"塔塔儿"。

突厥衰亡后，鞑靼大部分归服回鹘主黠戛斯，一部分与中原王朝建立朝贡关系。9世纪中期，鞑靼部乘回鹘为黠戛斯所灭之际，入主其地，进而称雄漠北，漠北诸部一概被称为"鞑靼"。之后，北方诸部虽臣属辽金政权，但仍惯称"鞑靼"，且称漠北蒙古部为黑鞑靼，漠南汪古部为白鞑靼，森林狩猎部落为生鞑靼。"鞑靼"一词遂成为蒙古高原各部的通称。鞑靼（塔塔儿）部则成为蒙古高原上最强的大部。

我国新疆境内的塔塔尔族是19世纪二三十年代先后从沙俄统治下的喀山、乌法、图曼、西伯利亚、乌拉尔等地迁来的。

1950年，我国新疆境内的鞑靼人被正式命名为"塔塔尔族"。

在饮食方面，素以烹调著称的塔塔尔族妇女善于制作各种糕点。用鸡蛋和面粉制成的小馕，以精致、可口驰名。节日和待客食品除了"抓饭"夕卜，还有用奶酪、杏干、大米和用南瓜、肉、大米焙烘的两种糕点："古拜底埃"和"伊特白里西"，是塔塔尔族特有的风味食品。

古拜底埃：塔塔尔人富有本民族风味的食品。把大米洗净后晒干，上覆奶油、杏干、葡萄干放在火炉中烤制而成的一种饼，其味香甜可口，精细美观，在新疆久负盛名。

伊特白里西：塔塔尔人富有本民族风味的食品。做法与'古拜底埃"相同，材料以南瓜为主，再加上大米和肉，烤制成饼，是塔塔尔族独有的美味食品。

塔塔尔族喜欢的饮料除茶外，还有"克尔西玛"和"克赛勒"。前者类似啤酒，是用蜂蜜和啤酒花发酵制成的；后者是用一种野葡萄、砂糖和淀粉制成的酒。

塔塔尔人还善于制作各种欧式糕点，品种繁多，既好看又好吃。与众不同的是，塔塔尔人吃饭时既不用手抓，也不使用筷子，而是用勺子。塔塔尔人去参加维吾尔族或哈萨克族人的宴请时都随身带一把小钢勺。

塔塔尔族有自己的语言，属阿尔泰语系突厥语族西匈语支。但由于长期与维吾尔、哈萨克等族杂居共处，其语言在潜移默化中已发生了很大的变化。不同语言之间接触和影响的长期存在又会使语言之间的差异，特别是语音方面的差异逐渐减少；同时，又会使一种语言吸收另一种语言语法结构方面的某些特点。这是不同语言相互接近的表现，而这种接近的过程是相当缓慢的，由语言影响所引起的语言变异现象是语言发展历史过程中的必然现象。

塔塔尔族文化以本民族优秀传统文化为核心，兼收并蓄，汲取了欧洲文化、新疆兄弟民族文化等其他民族文化的精华，形成了自己的文化特色。

塔塔尔族知识分子库尔班夕卜力·哈力德先生，学识渊博，以其鸿篇史学巨著一《东方全史》而闻名于世，深受各族人民的尊重和爱戴，《东方全史》一书，给我们提供了研究新疆近代史、中亚社会历史、哈萨克历史、乌兹别克历史、吉尔吉斯历史的珍贵资料。

塔塔尔族的民间音乐较为丰富，民间歌曲是主体，此外尚有少量的器乐曲。以体裁形式分类，民间歌曲大致可分为歌舞歌曲和抒情歌曲等两类。

塔塔尔族民歌种类繁多，大多是抒发内心丰富感情的，不少是表达男女青年爱情的。其特点是抒情细腻形象，善于比喻，使人听后如闻其声，如见其人，有一种强烈的优美感。有些塔塔尔族民歌早已成了新疆地区的流行歌曲。塔塔尔族的音乐节奏鲜明，活泼动听，具有独特的民族风格。

四十六、土族

在祖国辽阔的青藏高原东北方，在巍峨的祁连雪山脚下，在奔腾不息的黄河、湟水岸边，居住着一个有着二十多万人口的少数民族。它就是主要聚居在青海省东部湟水以北、黄河两岸及其毗连地区的土族。

这个少数民族的聚居地被称为"彩虹的故乡"。相传，这个富有诗意的名称与当地妇女所穿的"七彩花袖衫"有关。"七彩花袖衫"因其是依照彩虹的色彩配色，用红、黄、黑、绿、白等不同颜色缝制而成而得名。这种衣服色彩协调，鲜艳绚丽，妇女穿在身上就好比仙女下凡般美丽。有人由衷地赞叹说："土族阿姑穿上它，走起路来摆三摆，蜜蜂蝴蝶赶不开；拂袖跳起安昭舞，恰似彩虹下凡来。"因此，全国唯一的土族自治县——互助县就被赋予了"彩虹的故乡"这样一个富有诗意和浪漫气息的名字。土族不仅名称富有诗意，它的历史韵味浓厚的风俗习惯和淳朴的风土人情也像"彩虹"一样深深地吸引着人们。

土族是祖国大家庭里人口较少的民族之一，其中 85% 左右的土族住在青海境内，主要住在青海省互助土族自治县、民和县、大通县、同仁县等地；还有一部分居住于甘肃省天祝藏族自治县、肃南裕固族自治县、兰州市永登县等地。

像大多数民族一样，土族也不是一开始就称为"土族"的。过去土族多自称"土昆"(意即土人,吐浑音转)"土人',互助、大通、天祝一带的土族还自称"蒙古尔"(蒙古人)"察罕蒙古"(白蒙古)。汉、回等民族称之为"土人'"土民""土户家",附近藏族则称土族为"霍尔"。直到中华人民共和国成立后,才依据本民族意愿,统一称为土族。

别看土族形成时间晚,人口也少,却有着自己的民族语言和新试用的民族文字。土族语属阿尔泰语系蒙古语族,由于历史的原因,土族语中有60%的蒙古语词汇。还由于土族长期与藏、汉等民族交错居住,土族语深受藏语、汉语的影响,比如它的亲属称谓一般采用汉语词汇,与宗教有关的名词则基本上采用藏语。今天的土族语,被划分为互助、民和和同仁三大方言区,各方言区的语言差别都不大,只是语音上稍稍有点差异。至于文字,土族原来并没有本民族的文字,都是使用邻近民族文字,比如汉文和藏文等。1979年,青海省有关部门制定了以拉丁字母为基础的土族拼音文字,即《土文方案(草案)》,土族才结束了没有文字的历史。

土族从过去走到今天,经历了一段坎坷的历史。元朝时,土族地区归元廷封授的土官管辖。明朝统治者继承元朝"封土司民"的政策,对他们"待之以礼、授之以官",实行汉官与土官(土司)参治。此后,明王朝在西北地区的主要军事活动,几乎都有土司率部参加。土族士兵骁勇善战,屡立战功,是西北边防军的主力,这种情况一直延续到清乾隆以前。清灭明后,土族地区的各土司先后率部归附清朝,清承明制,仍实行土司制度,土司拥有很大的权力。清代自雍正、乾隆以后,土司权力有所削弱。到了清末,土司已处于名存实亡的境地。明、清时期,藏传佛教格鲁派传入土族地区后,青海互助土族地区出现了一种与封建土司制度并存的土官制度，这是西藏地方政教合一制度在青海互助土族地区的延续和发展。辛亥革命以后，除少部分地区外，大部分土族地区由马家军阀所统治。土族人民受尽了反动军阀和封建土司的残酷压迫与剥削，奋起反抗。直到1949年，土族地区得到解放，土族人民才真正摆脱了压迫与剥削。1954年，青海互助土族自治区成立，1955年改为自治县。

四十七、土家族

在美丽富饶的湘、鄂、川、黔毗连的武陵山地区，就是如今湖南省西部的永顺、龙山、保靖、桑植、古丈等县，湖北省西部的来凤、鹤峰、咸丰、宣恩、利川、恩施、巴东、建始、五峰、长阳等市县和四川省的酉阳、秀山、黔江、石柱、彭水等县，2000多年以来，一直繁衍生息着一个自称"毕滋卡"或"必际卡"（意为土生土长的人）的少数民族——土家族。根据2000年第五次全国人口普查统计，土家族人口为8028133人，仅次于壮、满、回、苗和维吾尔族，在全国少数民族人口中排第6位。

在土家族的自然崇拜中，土地神崇拜和猎神崇拜影响极为深远。

土家族是以农耕为主的民族。土家族居住在山高、水深、林密的山区，那里野兽众多，狩猎就成为他们日常生产生活中的重要组成部分，因而猎神崇拜就自然而生。

他们大多敬奉梅山神（也叫梅山娘娘或梅嫦）。祭祀的方式有多种，如黔东北沿河县客田区的土家族每逢出猎前，都要在路口或面向山摆设祭坛，供上刀头肉和酒，点上三炷香，烧化纸钱，虔诚叩拜，祈求梅山神赐给野兽，出猎成功。获得猎物后，还要把猎物抬到祭坛前来答谢梅山神。如果一无所获，则认为心不诚，梅山神不愿赐予野兽，所以在下次出猎前，必须要举办更隆重、更虔诚的供祭活动才能应验。

土家人因多吃杂粮和居住于丛岩邃谷之间的缘故，非常喜欢吃酸、辣、香味的菜肴。辣椒、生姜、山花椒、山胡椒、山苍子、韭菜、香椿、大葱和大蒜等，都是他们终年常用的佐料。他们常言三日不吃酸和辣，心里就像猫儿抓，走路脚软眼也花。"

逢年过节，土家人非常讲究腌制野辣味。他们把猎获的野猪与麂子肉，卤上花椒、五香、肉桂及食盐等佐料，腌于坛中，让佐料入味于肉。半月左右，拿出挂在火炕上，经烟熏火烤，作宴请嘉宾的上等菜肴。

"怪酒不怪菜"是土家人招待亲朋时的一句名言，意为主人在招待客人时，有没有好菜、拿不拿得出好菜都无所谓，但若不拿出酒来，那就是怠慢，亲朋必定见怪！

土家人充满浓烈酒味的文化精神，使他们为人处事热情大方，豁达开朗；重情义，轻生死；重价值，轻规则；重气节，轻权贵；重民族大义，恨丧权辱国的民族败类。所以他们能在民族、国家危难之际，挺身而出，无所畏惧；所以土家士兵作战勇敢，不怕牺牲的事迹屡见不鲜。明朝土家士兵在东南沿海前线战胜倭寇的事迹，早已彪炳青史。清代凤凰县的土家族士兵（时称杆兵）当时就有"乾州的城，凤凰的兵"（乾州城修得坚固，闻名天下；凤凰的兵作战勇敢，名扬天下）之美誉。他们重视气节，将民族大义作为至高无上的行为准则。

土家族的种茶历史悠久，到了明代，种茶已成为经济活动中的一项重要内容。如今，古丈县绿茶已驰名中外，成为当地支柱产业。

在漫长的种茶、制茶与喝茶历史中，土家人创造、发展出别具一格的茶文化。那风味迷人的茶艺堪称中国茶艺中的一朵奇葩，其中擂茶、罐罐茶和大盆凉茶又值得特别称道。

罐罐茶和大盆凉茶制作方法简单易行，如夏日炎炎之时，因劳动口渴，土家人就用葫芦、竹筒提来沁凉清冽的山泉，把糯米、甜酒和糖混在一起，冲成凉水甜酒茶喝。再如土家人爱好养蜂，蜂蜜常年不断。客人来了，他们就在茶中加上蜂蜜，用泉水冲成凉水蜂蜜茶，请客人喝。罐罐茶和大盆凉茶凉爽可口，沁人心脾，都是土家族日常饮用及婚宴、祝寿、新屋落成、宴请宾客等场合酒余饭后的好饮料，是他们深深喜爱的最为普及的上佳饮品。

他们还有一种茶道叫"情趣茶"，讲究喝茶的实用性和情趣。如中午人们干活回家后，先在饭前痛快地喝上几碗擂茶。如果来了客人，还要摆上花生、薯片、瓜子、米花糖、炸鱼片等清淡、清脆的食品，来增添喝茶的情趣。

四十八、佤族

佤族，是居于中国西南边疆的一个古老民族（主要分布在云南），是形成我国山地文化的主要民族之一，也是运用南亚语系——中国孟高棉语的诸民族中人口较多的一个民族。

佤族是云南独有的民族之一，主要分布在澜沧江、萨尔温江之间和怒山山脉南段地带。其中，约98%的人口居住在云南省，其余的则分散居住在北京、山东、四川、河南、湖南、江苏、安徽、广东等25个省、市、自治区。在云南境内居住的佤族形成了一个佤族聚居区和三个佤族散居区。

木鼓是佤族的各种器物中最神圣、最尊贵之物。古往今来，佤族人民把木鼓当做灵物崇拜，认为敲木鼓可以通神灵，驱邪魔，降吉祥。随着历史的演进，到了农耕时代，木鼓已被神化为"通天的神器"。"生命源于水，灵魂求于鼓。"产生了司欧布女鬼和天神木依吉的传说故事。目前，木鼓纯粹是一种打击乐器。改革后的木鼓舞，已经不再是祭祀性的舞蹈了，而是为举行盛大的庆典、节日活动而跳的，表达了佤族人民对党、对新社会的祝福，以及对新生活的热爱。

木鼓，又叫木槽鼓，是佤族最重要的祭器和神器，也是佤族原始宗教的崇拜物和神的象征。它不仅是佤族远古文化的典型象征，而且是佤寨的标志。它象征着幸福和吉祥，传承了佤族文化，代表了佤族的自然性格和图腾崇拜。总之，佤族木鼓的文化内涵极为丰富。

拉木鼓活动是佤族先民们面对强大的自然而寻求自我保护意识的反映，也是后人对先民智慧的继承和发展，它增强了佤族人民的团结精神和集体向心力以及归宿感，使人们意识到，只有和集体紧密联系起来，才能发挥自己的作用。

能歌善舞的佤族人善于用音乐来表达自己的喜怒哀乐，喜欢在跳舞的时候唱歌，而且喜欢运用比兴手法。

佤族的风俗歌是反映佤族风俗习惯和风土人情的歌曲。风俗歌在特定的时间、环境下演唱，是佤族歌曲中比较古老的一种。它往往与一定的舞蹈形式结合在一起，其内容有盖新房时唱的盖房调，婚宴上唱的结婚调，打猎时唱的打猎歌，人死时唱的哭丧调等。演唱一般是以领唱、合唱的方式进行，领唱者多由一名长者担任，众人又重复合唱，节奏感强烈而稳重，旋律进行平稳，具有一种原始朴素的风格。

在民俗文化活动中，民族舞蹈是必不可少的节目。香格里拉几乎每一个村庄都有各自不同的民族歌舞。佤族的舞蹈体现了其特有的古朴、粗旷、热情、奔放的民族舞蹈特点。佤族的舞蹈题材广泛，风格各异，有原始古老的祭祀舞蹈，有反映劳动生活、传播生产技能的舞蹈，也有逢年过节时喜庆的娱乐性舞蹈，还有语汇丰富、舞姿优美的表演舞蹈和模仿各种动物的舞蹈。这些舞蹈有助于我们了解和研究这一古老民族的文化艺术。

佤族的绘画一般体现在大房子的四面木板墙上，绘画者通常是佤族知识分子"毕哉"，作品多是大小不同的人物，以及马、骡、牛头、鹿头和麂子头的图像。佤族男女大都文身，男子多在颈下、胸前、脊背和四肢绘刺花鸟、牛虎图案，妇女则在颈下、胳臂和腿上绘刺各种形状的花草。文身多刺在人的胸前、脊背和四肢上。常见的文身图案有三角形、十字花点、小鸟、几何图和带有犄角的牛头以及龙、蛇、虎、豹等，内容很丰富，人像、禽兽的各种姿态生动有趣，描绘了中国古代佤族人民进行狩猎和农业劳动的情景。

云南沧源崖画位于云南沧源佤族自治县境内，是云南少数民族艺术遗产中的瑰宝。沧源岩画十分有名，是佤族艺术的珍品。

沧源崖画是我国目前发现的最古老的崖画之一，崖画绘制在垂直的石灰岩崖面上。已发现崖画地点 11 处，分布于云南省沧源县的勐省、曼帕、曼坎等地，一般均在海拔 1500 米左右的山崖上。

从沧源崖画的表现形式和绘画内容看，以舞蹈和狩猎场面居多，也有表现生产劳动与原始宗教祭祀情景的。

四十九、维吾尔族

维吾尔族生活在我国西部的天山脚下，是一个能歌善舞的民族，新疆维吾尔自治区是我国面积最大、国境线最长、交界邻国最多的省区，面积大约有一百六十余万平方千米。维吾尔族主要聚居在新疆维吾尔自治区天山以南的喀什、和田一带和阿克苏、库尔勒地区，其余散居在天山以北的乌鲁木齐、伊犁等地，只有少量维吾尔族居住在现在的湖南桃源、常德以及河南开封、郑州等地区。

维吾尔族真正的族源，可追溯到公元前 3 世纪游牧于我国北方和西北贝加尔湖以南、额尔齐斯河和巴尔喀什湖之间的"丁零"。后来"丁零"又被称为"铁勒""赤勒"或"敕勒"。由于他们使用的车轮高大，又被称为"高车"。8世纪改回纥为"回鹘"。9世纪中叶，大部分迁到西域，西迁后定居西域的回鹘，既融合了两汉以来移居这里的汉人，他们同原来就居住在南疆广大地区操焉耆、龟兹、于阗语的人民，以及后来迁来的吐蕃人、契丹人、蒙古人长期相处，繁衍发展而形成了维吾尔族。

维吾尔族使用维吾尔语，属于阿尔泰语系突厥语族。在长期的历史发展过程中，维吾尔族人民曾先后使用过古代突厥文、回鹘文、摩尼文、婆罗米文、吐蕃文和拉丁文等形式的文字。

维吾尔族还有自己独特的文化艺术，玉素甫·哈斯哈吉甫的叙事长诗《福乐智慧》、穆罕默德·喀什噶里的百科知识性辞书《突厥语大词典》都是祖国文化宝库中的珍贵遗产。

维吾尔族是一个能歌善舞的民族，舞蹈与音乐已经成为维吾尔族人民生命中的一部分，维吾尔族的音乐以热情洋溢、节奏明快著称。我们熟知的《达坂城的姑娘》《掀起你的盖头来》等都已成为家喻户晓的歌曲。随着维吾尔族的历史演变，民族音乐开始由传统音乐发展出多种多样的形式。其中包括木卡姆、刀郎等。

维吾尔族信奉伊斯兰教的"肉孜节"，也叫开斋节。维吾尔族的节日大都来源于伊斯兰教，是用回历来计算的。每年都变化，因此每个节日的时间也不固定。

维吾尔族还有很多节日，如"肉孜节""巴拉堤节""古尔邦""库尔班节""冒德路节""努吾若孜节"等民族传统节日。

维吾尔族抓饭的种类很多，花色品种也十分丰富。但维吾尔族最爱吃的还是烤全羊、馕、抓饭、烤包子、拌面等食品。

烤全羊，选用羯羊或两岁以内的肥羔羊为主要原料，宰杀后剥皮，去其内脏及蹄，用一根钉有大铁钉的特制木棍贯穿羊身，然后用精白面、盐水、鸡蛋、姜黄、胡椒粉、孜然粉等配料调制成的汁均匀地抹在羊全身，放在特制的馕坑中，盖口焖烤约一小时左右即熟，色泽黄亮，皮脆肉嫩。将烤好的羊头，扎上红绸子，羊嘴里街上香菜，置于整羊之上，放入木盆端上宴席。色、香、味俱全。"烤全羊"是维吾尔族招待贵宾的佳肴。

烤羊肉串，是将上好鲜羊肉切成大小均匀的薄片，拌以葱头沫、黑胡椒，腌制约半小时，穿在铁签上，放在特制的烤炉上烤，并上下翻动。快熟时，再往羊肉串上撒以适量的辣椒面、孜然粉、精盐。其味咸辣、孜然香味扑鼻；其色呈焦黄、油亮。烤羊肉串时忌用明火。一般以优质无烟煤做燃料，烤肉时，点燃炭火，稍后待烟尽火旺时，再将羊肉串架在烤炉的槽上烘烤。

抓饭，是维吾尔族招待客人的美味食品。维吾尔族的饮食习惯也和其他民族有着相近的地方。主食的种类有数十种。最常吃的有馕、羊肉抓饭、包子、面条等。维吾尔族还喜欢饮茯茶、奶茶。

新疆的乌鲁木齐是大家并不陌生的一座城市，过去这里有遥远、神秘的草原，优美、辽阔的牧场，美丽、大方的姑娘，是外地人心目中的"特色城市"。

塔克拉玛干——那是真正的死亡之海，因为在维吾尔语中，"塔克拉玛干"是进去了出不来的意思。

天山山脉全长 2500 千米，是塔里木盆地和准噶尔盆地的天然分界线。天池处于天山东段最高峰博格达峰的山腰，距乌鲁木齐约110 千米，平面海拔 1928 米，是新疆有名的游览胜地。

五十、乌孜别克族

乌孜别克族，信仰伊斯兰教，是一个具有悠久历史和优秀传统的民族。现代乌孜别克族人主要生活在乌孜别克斯坦、哈萨克斯坦、吉尔吉斯斯坦、塔吉克斯坦、土库曼斯坦、伊朗、阿富汗等国家和我国新疆维吾尔自治区。中国乌孜别克族总人口目前有 15000 余人0990 年统计时为 14763 人），主要分布在北疆的乌鲁木齐、伊宁、木垒、奇台、塔城和南疆的喀什、和田、莎车、叶城等县、市，其中以伊宁居多。因人口相对较少，未成立民族自治区，新疆木垒哈萨克自治县大南沟乌孜别克族乡是全国唯一的乌孜别克民族乡。

乌孜别克族民风纯朴，生活幸福。开朗、乐观、勤劳的乌孜别克族人正用双手创造更加幸福的生活。

乌孜别克族人的服饰非常美丽。男子大多喜欢穿带花纹的长衫，样式类似维吾尔族的"袷袢"，乌孜别克族称之为"托尼"。

"托尼"无钮扣，无斜领和口袋，右衣襟有的带有花边，长及膝盖。腰间束以各种绸缎、花布绣织而成的三角形绣花腰带，一般青年人的腰带色彩艳丽，老年人的较为淡雅。

乌孜别克族不分男女都喜欢戴小花帽。较为有名的花帽有"托斯花帽"，即巴旦木花帽，上绣白色巴旦木图案，呈白花黑底，古朴大方。

解放后，特别是近几年，乌孜别克族的服装逐步现代化了。在城市工作的知识分子、干部、工人中，穿西装登革履已非常普遍了。

由于信仰伊斯兰教，一日三餐离不开馕和奶茶。

馕是主食，做法与内地的烧饼相似，是用面粉加淡盐水稍稍发酵后烤制而成的。面内可加入牛奶、清油、羊油或酥油，吃起来外脆内软，称为油馕。此外，还有肉馕、窝窝馕、片馕等。

奶茶是乌孜别克族人日常生活中不可缺少的饮料，其制作方法是将茶水置于铜壶或铝锅内烧开，加入牛奶边煮边搅拌，待茶乳完全交融后，再加入适量食盐。奶茶能驱寒、生津、止渴、化食，不但可口，而且营养丰富，四季均可饮用。

抓饭是乌孜别克族最基本的主食，用料除大米外，有清油、盐、羊肉、胡萝卜、洋葱、西红柿、木瓜、葡萄干、杏干等。做法是先将羊肉剁成小块，用清油煎炸后，放入洋葱和胡萝卜在锅内炒，放盐加水，约20分钟后将泡好的大米放入锅内，不要搅动，焖约30分钟即可。这样做出来的抓饭油而不腻，富有营养。

除抓饭外，乌孜别克族常吃的食品还有"库尔达克"（土豆炖肉）、"尼沙拉"（用蛋清和白糖做成的食品）、抓肉、烤肉、烤包子、拉条子、大米绿豆汤、米肠子、面柿子等。

乌孜别克族的民间体育活动常在传统民族节日里举行，有时也在我国法定节假日里举行。由于长期和其他兄弟民族和谐相处，乌孜别克族的民间体育与维吾尔、哈萨克族大体相同，喜好赛马、摔跤、击木、叼羊等活动。这些活动既具有自己的民族特色，又具有广泛的群众性。

乌孜别克族是一个能歌善舞的民族。在乌孜别克族人民的日常生活中，音乐、舞蹈占有极其重要的地位。他们常常自发性地举办歌舞聚会，称之为"麦西来甫"。

乌孜别克族的民间歌曲可分为抒情曲和歌舞曲两大类。抒情曲结构庞大,内容丰富,如《木那佳提》等;歌舞曲一般结构短小,素材集中,如《黑眉毛的姑娘》等。

乌孜别克族的乐器可分为吹管乐器、拉弦乐器、弹拨乐器和打击乐器四种。各种乐器的形制和演奏方法等基本与维吾尔族相同。吹管乐器有巴利曼、科诗耐依和苏尔耐。

乌孜别克族的许多作曲家同时又是演唱家。著名歌手有鲁兹江、穆赫依丁·霍加、卡米勒江等人。

乌孜别克舞蹈家兼编导莎拉买提·阿里木在新中国的舞蹈百花园中堪称一朵奇葩。她的表演热情奔放,舒展大方,欢腾轻快,极具南疆地区独特的艺术风格。她创作的乌孜别克女子独舞《心花怒放》《铃铛舞》和男子独舞《瓜田新欢》《手鼓舞》等在国内外享有盛誉。她还创作了如塔吉克舞《婚礼舞》、维吾尔舞《木夏乌拉克》《纺织女工》《采雪莲》《前哨擒敌》等优秀的其他民族舞蹈。在她创作的

100 多个舞蹈作品中有 18 个在全国和自治区文艺汇演中获奖。

《掀起你的盖头来》是一首优美欢快的新疆歌曲,由乌孜别克族民歌《卡拉卡西乌开姆》改编而来,在我国家喻户晓,人人皆知。

五十一、锡伯族

锡伯族的名字是由锡伯族语言音译而来的。在汉语中历代有着不同的音译，例如：西汉末年称为须卜；东汉以后又被称为鲜卑、西卑、犀纰、胥紕、私比、师比等；北魏、隋、唐、宋时期则被称为室韦、失韦、失围；元代和明代前期则被称为失必、失必儿；明朝后期和清朝史书中则把这个民族称为实伯、斜婆、洗白、史伯、西北、锡伯等。辛亥革命后基本统一使用"锡伯"二字。中华人民共和国成立后，认定民族成分时统一规范使用"锡伯"二字。

锡伯族是拓跋鲜卑的一支，其祖先拓跋鲜卑早在东汉以前便活动在大兴安岭北段以"嘎善洞"为中心的地带，即现在内蒙古自治区呼伦贝尔盟鄂伦春自治旗境内。

根据史料和考古发现，东部鲜卑分为慕容、宇文、段氏三部，他们起源于大兴安岭南段的辽河流域。这部分鲜卑人在337—581年之间，在黄河流域建立了很多少数民族政权，并于386年建立了北魏王朝，促进了鲜卑族与汉民族的融合，也促进了鲜卑族的政治与经济的发展。

满文如今已成为文献文字，满文保存的大量文献资料，对于研究清史特别是清朝前期和中期的历史具有重要的史料价值。对这些文献的整理任务落到了精通满语和满文的锡伯族身上。现在对故宫博物院所保存的满文档案的翻译整理工作，很多都是由锡伯族的工作者完成的。之所以锡伯族能成为这种语言的继承者，是有一定原因的。

　　归于清朝统治以后，清政府把锡伯族分别迁住于齐齐哈尔、吉林乌拉和伯都纳新建的木城，后又迁至北京、盛京及其所属地区。锡伯族逐渐放弃蒙文蒙语及蒙古文化而接受满文满语、满族文化和汉族文化。随着清朝统治中国的需要，清代满文、满语的使用逐渐衰落，中东部地区使用满文、满语的少数民族逐渐改操汉语、使用汉文。唯西迁至新疆伊犁地区的锡伯族将满语满文完整地传承下来，并在此基础上形成了本民族的语言和文字——即现代锡伯语和锡伯文。如今新疆察布查尔锡伯族自治县、霍城、巩留、塔城等地的锡伯族仍保持着本民族的语言文字。

　　锡伯族的群体、民族意识强烈，对集体和民族存在依赖感，民族内部的凝聚力强，不容易被夕卜族文化渗透和融合。锡伯族又是一个十分重视本民族的教育的少数民族，锡伯营每个牛录都有私塾，晚清还创办学校，锡伯子弟都学习满文满语，这对锡伯族继承和发展满文满语起到了决定性作用。

　　锡伯族人民有多种多样的群众性娱乐、体育活动，如射箭、赛马、摔跤、打秋千等。此外，叼羊、旅游、狩猎、滑冰等也是锡伯族民间较受欢迎的体育项目。

　　打瓦是锡伯族喜爱的一项传统体育活动。打法是每人手中拿一个叫做"瓦"的方形厚木块，分成人数相等的两个组，按顺序排成老大、老二、老三的代号。没打之前，先抽出立瓦组和打瓦组，输者立瓦，赢者打瓦。立瓦组按顺序将自己的瓦立在一条线上，打瓦者也要按顺序打，如果老大打了老二的瓦，就算"烧死"。"烧死"者，允许别人来救，救活后可以继续打，救不活的，就要变成立瓦者，而原来的立瓦者就变成了打瓦者。打瓦的方法共有二十多种，它起源于锡伯族的狩猎时代，它可以锻炼臂力、眼力、反应等。

锡伯族人喜爱骑马射箭，因而锡伯族享有"射箭民族"的美誉。锡伯族在历史上曾为游牧民族，弓箭在他们的生活中占有重要地位。

射箭运动在锡伯族中间有着广泛的群众基础，弓箭贯穿了锡伯族的历史全过程，他们对弓箭有着更加深刻的理解、更丰富的解读和全面的认识，已经成为一种特色浓郁的民族文化现象。

锡伯族人民在长期的生产、生活和社会实践中创造了灿烂辉煌的历史。锡伯族的文学艺术造诣颇深，无论是民间文学、书面文学，还是翻译文学、宗谱文化，都有很高的水准，特别是音乐、舞蹈、美术，堪称中华艺术宝库中的瑰宝。锡伯族的民歌在我国民族音乐之林中更是占有重要的一席之地。锡伯族的民风朴实，民俗独特，民族风情浓郁，是中华民族百花园中一朵奇葩。

五十二、瑶族

在我国历史上瑶族的分布区域较为广阔，东起广东南雄，西至云南勐腊，南达广西壮族自治民防城，北迄湖南辰溪的山区，都是瑶族人民长期辗转活动的地带。五岭、十万大山、都阳山、雪峰山、罗霄山、六韶山、哀牢山等山脉横亘其境，山峦起伏，千溪万涧，纵横交错，形成若干大小不等的山麓陡坡，都是瑶族人民建立过家园的地方。大多数的瑶族集散在两广与湖南接壤的五岭南北地区，形成了"南岭无山不有瑶"的分布局面。此外瑶族还是个跨境民族，从 13 世纪以后到近、现代相继从不同路线迁入东南亚诸国，另有少数人移入欧、美国家，这些国家的瑶族至今仍保留自己的民族文化特色，同时也向居住地的各族人民学习，形成了自己独具特色的文化。

瑶族服装常饰以五色丝线的绣花，古有"瑶好五色衣裳"之称。

瑶族男女的上衣图案丰富多彩，有花鸟鱼虫、几何图案、人物形象，衣领有圆领、竖领两种，对襟、无扣、系腰带，下身穿长裤、短裤、布片裙、绣花裙等。绑腿是瑶族男子服装中不可缺少的，它既护腿又美观。

此外，瑶族过去因其居住和服饰等方面的特点不同，曾有"过山瑶""红头瑶""大板瑶""平头瑶""蓝靛瑶""沙瑶""白头瑶"等自称和他称。在风俗习惯方面一直保持本民族传统特点，尤其在男女衣着上更为明显。

瑶族服饰因支系不同，地区不同，又有着较大差异，这种差异主要体现在服色、样式、头饰三个方面。瑶族服饰样式多异，据初步统计，有近百种之多。随着经济的发展和生活水平的提高，瑶族服饰在保持传统特色的同时，在花色、样式上不断改进，变得更加美观、实用。

瑶族在长期的历史发展中创造了具有鲜明民族特色的文化艺术。

瑶族文学，由传统的民间文学和晚近时期产生的作家文学共同构成。在瑶族不同的支系中间，蕴藏着极为丰富的民间文学作品。

在远古时代瑶族就有了关于本民族起源的神话传说。先秦古籍《山海经》就有盘瓠神话的原始记录。除盘瓠神话外，反映本民族远古社会生活的神话，还有《盘古开天地》《伏羲子妹造人民》等。

　　瑶族是能歌善舞的民族，它的音乐、舞蹈与其民间歌谣一样，起源于劳动与宗教。在民间乐舞方面，既有音韵悠扬的民间乐曲，又有多姿多彩的民间舞蹈。

　　瑶族音乐旋律十分优美，如根据瑶族民间传统曲调编制创作的《瑶族舞曲》回荡在维也纳金色音乐大厅，并成为中国民族乐团赴欧演出的两首保留曲目之一。瑶族民间乐器不少，近代史载"瑶人之乐，有卢沙、锐鼓、胡芦笙、竹笛"。

　　瑶族的舞蹈与狩猎、农事和祭祀等有着密切关系。同时，瑶族传统的鼓、歌、舞又常常融为一体，即鼓之、歌之、舞之。主要有长鼓舞、铜鼓舞和陶鼓舞等。

　　瑶族的工艺美术有印染、挑花、刺绣、织锦、竹编、雕刻、绘画、打造等，形式多样，内涵丰富。

　　在历史上，瑶族人民在预防医学方面也总结出丰富的经验。如瑶族先民很早就认识到某些疾病是可以互相传染的，当隔离了病人或焚烧其尸或迁徙其居，就能预防某种疾病的传播。《开建县志》记载瑶族"惧患痘，有出而染者，不得复入'。在《阮通志》中有这样的记载有病殁，则并焚其尸徙居焉。"瑶族对天花等烈性传染病，采取严禁天花患者回归原来材寨居住的方法，将病人与居民隔离开，以减少这种

　　疾病的流行。这种隔离方法在广东连南瑶族自治县八排瑶族地区及广西金秀瑶族自治县的罗运地区都曾采用过。

　　今天的瑶族人民，早已告别了从前深居简出的生活，生活水平都得到了极大的改善和提高。由于本民族有着独具特色的文化传统和民风民俗，近几年来，瑶族同胞在开发旅游资源方面取得了十分

可观的效益。凡是有瑶族同胞居住的地方，每到旅游旺季都会吸引不少中外游人。其中在广西的桂林，瑶族民俗排古寨风景尤其会引起游客们的赞叹。

五十三、彝族

彝族，主要分布在我国云南、四川、贵州等省及广西壮族自治区。这些地区，地势雄伟、群峰林立、峡谷纵深、大雪山、大凉山、乌蒙山、无量山耸入云际；金沙江、南盘江、普渡河、美姑河、会通河盘旋于幽谷之中。彝族人民世代在这块土地上劳作生息，创造了绚丽灿烂的彝族文化。

在漫长的历史进程中，彝族人民和其他人民一道，共同建设和开发了中国大西南这片富饶的土地。同时彝族在长期的历史发展过程中，创造了渊源流传、丰富多彩的本民族灿烂的文化艺术。

彝族语言属汉藏语系藏缅语族彝族支。彝语分北部、东部、南部、东南部、西部和中部六大方言，各方言内部还分许多种方言和土语，方言间差别较大，基本上很难相互通话和交流。

彝文是彝族文化的瑰宝。汉文史志称之为"爨文""爨字""爨书""倮倮文""韪文""夷经"；彝族称之为"诺苏补玛""乃苏讼纳""聂苏索""尼斯""阿哲苏""纳苏缩"等。

历法是人类文明的标志，世界历史发展到今天，大致可分为太阳历、太阴历和阴阳历三大类。太阳历依月圆月缺来定年月季节，月亮每圆缺一次定为一个月。我国的彝族至今还保留着一种鲜为人知的古老历法——彝族十月太阳历。据推测，此种历法渊源于远古伏羲，大约有上万年的历史。它把中国的文明史追溯到埃及、印度、巴比伦三个文明古国之前。

彝族十月太阳历是当时世界上最精确、最简便的天文历法。彝族十月太阳历文化园广场中间红、白、黑等多种颜色的花岗岩墙壁上雕刻着彝族十月太阳历的发明过程和计算、换算方法，彝族的产生和发展历程以及彝族古代文明成果等，有的用文字记叙，有的用图画说明，人和动植物形象栩栩如生，人与自然和谐相处的景象随处可见，人们称这个雕塑广场是一部浓缩的彝族历史。

彝族民歌的唱词内容广泛，是彝族民间文学创作的重要源泉之一。在传统的彝族社会中常以歌唱的形式宣讲历史、强调道德、传承风俗、表达爱情及喜怒哀乐，其唱腔则根据唱词内容，或流畅委婉，或抑扬顿挫，或温柔婉转，极具艺术感染力。民歌从大的类别上可分为叙事歌、情歌、苦歌、劳动歌、酒歌和风俗歌等。

彝族舞蹈形式多样，富有浓郁的生活情趣和民族风格。"踏歌"是最具群众性的一种舞蹈。在各地彝族中，"踏歌"又称为"达踢""跳歌""左脚""跳锅庄"等，是彝族历史传承悠久的一种舞蹈形式。

彝族人民十分喜爱器乐歌舞，彝族的乐器种类极多，按现代乐器分类，弦乐器主要有月琴、品弦、三弦、牛角胡琴、三胡；管乐器主要有巴乌、马布、葫芦笙、擎芦、克西觉尔、木叶；打击乐器有铜鼓、克拉蒙、额格子膜等。演奏曲有独奏曲和合奏曲等，独奏曲中以大、小凉山彝族月琴演奏曲"秋风吹到打谷场""雷波调"，云南无量山区彝族笛子独奏曲"过山调""放羊调"，云南红河彝族的巴乌鲁奏曲"阿哩"等最具有特点。合奏曲在历史上形成很早，最著名的是 800 年南诏宫廷乐队赴长安所演奏的"南诏奉圣乐"，其规模宏大，乐曲优美，在当时唐都长安获得了极高的声誉。现代彝族民间合奏乐以聂苏支彝族的"歌舞组曲"和阿细支彝族的"阿细舞曲"最具代表性。

　　手工制作在彝族的日常生产和生活中发挥着极为重要的作用，它不仅保证了彝族居家方面的生活需求，而且由手工生产所衍生出来的工艺形式、美饰效果集中体现了彝族民间工艺的风格特点。

　　彝族民间工艺绚丽多姿，有鲜明民族特色的传统手工工艺主要有漆器、银器、纺织、擀毡、服饰艺术与刺绣、彩绘等。漆器是彝族传统的生活用品，也是极富特色的工艺品。

　　彝族的银器除器皿、兵器外，多为饰品。器皿中最常见的是一种小巧的银碗和各种银质酒器，器表多采用阳刻、楼空、镶嵌等工艺。彝族以戴金佩银为贵。银亮闪光的银头饰、耳环、领牌、戒指、手镯等，与色彩艳丽的服装相辉映。

五十四、裕固族

裕固族是中华民族成员中人口较少的一个民族。南裕固族自治县地处河西走廊中部的祁连山北麓，东西长约 500 千米，南北宽约 250 千米；位于东经 97.50—100.95 度、北纬 38.22—39.85 度之间。总面积 2 万多平方千米，平均海拔高度 2700 米左右。在这里居住了裕固族人的大部分。境内有被古人称为天山的祁连山，它不仅是河西走廊的天然屏障，也是祖国的宝山之一，被誉为"聚宝盆"，蕴藏着丰富的矿产资源。境内出产的大黄个大质优，远销欧洲，享誉世界。

肃南裕古族地区有众多的名胜古迹，其中较为著名的如下：

马蹄寺石窟群：位于甘肃肃南裕固族自治县城东临松山下，马蹄河西岸。这里依山傍水，松林茂盛，风景秀丽，气候宜人，是避暑胜地。石窟群凿于悬崖峭壁之间，包括马蹄南寺、北寺、金塔寺、上中下观音寺和千佛洞等 7 处。每个石窟自一至十余龛不等，相互间的距离近的 2 千米，远的 5 千米。窟前多有寺院建筑，窟口大半有后代建筑的窟檐，远望层楼复阁，十分壮观。马蹄寺是因第九窟内有一马蹄印，传为神马所踏，因而得名。明永乐十四年（1416 年）赐名"普光寺"。寺内存有马鞍一副、龙袍一件，系清皇帝所赐之物。现存窟龛、壁画、造像均为唐代以后的遗存。北寺、金塔寺保存较好。金塔寺的泥塑飞天，栩栩如生、立体感强烈，为其他石窟所不见，别具一格。

文殊山石窟：位于甘肃肃南裕固族自治县西北部。因传说文殊菩萨曾在这里显圣而得名。这里林壑优美，峰峦叠嶂，喷泉突突，流水潺潺，风景秀丽，气候宜人。文殊寺，从北朝到清代，历代都在山上开凿石窟，洞窟大多分布在前后两山崖壁上，现存窟龛10余个，多已残破。千佛洞、万佛洞两窟较为完整，相距100米，均属早期北魏"支提"窟。千佛洞开凿于崖壁斗腰。窟口高1.68米，深3.82米，宽3.94米，窟内高3.64米。平面呈方形，中心柱直通洞顶，宽2米，基坛以上每面分两层佛龛。壁画系北魏时期作品，由于保存较好，色彩艳丽如新。万佛洞在千佛洞附近，比千佛洞大，平面近方形。塑像虽经后代重修，作品尚保持早期塑期艺术风格。壁画色彩艳丽，风格典雅。

裕固族的帐篷过去多为圆锥形，现方形居多。扎立帐篷，应该选择避风向阳的地点，根据山形和水路来确定坐向，多坐北朝南，也可朝西或朝东，忌讳的是帐篷门朝向北方。裕固族牧民居住的方形帐房用6根或9根木杆支撑，周围用褐毡搭盖而成，别具特色。

裕固族文化基本上属于北方游牧文化的范畴。由于裕固族在其形成过程中吸收了许多其他民族的文化，因此在总体上呈现出民族文化的多样性和特殊性。除汉文化之外，裕固族文化中包含有明显的藏族、蒙古族等民族文化的许多成分。同时，多种民族文化融合的结果，也使裕固族形成了较为独特的民族文化。

裕固族民歌依题材内容可以分为"叙事歌""情歌""劳动歌"等，依体裁、功能可以分成"小曲""号子""小调""宴席曲""酒曲""擀毡歌""奶幼畜歌"等。

裕固族乐曲朴素优美、自然流畅，有民歌音乐、舞蹈音乐、宗教音乐多种。裕固族的民族乐器种类也很多，其中大部分是寺院乐器，有盾（也叫法螺或海螺）、法锣（也叫大锣）、手铃、巴郎鼓、铜质甘令、毕练、大镲、大鼓、喇叭等，也有少数民族传统乐器，如天鹅琴和牛角鼓等，现已失传。

每个裕固人，从他们的孩童时代起，就在母亲的怀中聆听歌声，随着年龄的增长，要逐渐学会本民族重要的民歌。但随着社会文化环境的变迁，许多舞蹈已逐渐失传，有些只出现在传说和石窟壁画中，而流传在民间的只有为数不多的几种。

裕固族舞蹈无论是思想性还是艺术性方面，都呈现出丰富多彩、绚丽多姿的面容，深刻动人而又别具一格，在当今开发大西北的战略中，就像一个窗口、一面镜子形象而生动地刻画出北方裕固族人民的文化生活和习俗，反映出裕固族人民的情感和愿望，表现出他们的才能和智慧。

五十五、藏族

一提到藏族，大家一定就会马上联想到藏民族赖以生存的圣土青藏高原。那是多少向往美好和圣洁之士都魂牵梦绕的地方。让我们带着这份崇敬先来看看这片圣土的形成。在关于它来历的诸多传说中"沧海桑田传说"最为著名。

藏民族作为中国多民族国家的古老成员之一，主要分布在西藏、青海、甘肃、四川、云南等省、自治区，有着悠久的历史和文化。

据说人类在西藏地区繁衍生息的历史已有七千年至两万年。青海、甘肃等地区发现的都属于新石器时代晚期的新石器及彩陶文化遗存物。

聂赤赞普是吐蕃部落的第一个首领，聂赤赞普统一了雅砻部落，建立了"博"部落，并确立子孙世袭赞普的制度。聂赤赞普是西藏历史上第一个藏王。

7世纪初，赞普松赞干布统一整个西藏地区，定都逻些(今拉萨)，在汉文史籍中称为"吐蕃"。吐蕃建政后，在政治、经济、文化等方面有了很大的发展。

作为雅鲁藏布江的儿女，藏民族拥有雅鲁藏布的灵气，拥有自己的语言和文字。藏文属拼音文字，由三十个表示辅音的字母和四个表示元音的符号构成，书面语与现代汉语不同，是自左向右横着书写。

按照藏语的分类，与其对应的藏族也可分为三个主要支系分别是卫藏藏族、康巴藏族、安多藏族。除这三大区外还有几个特殊支系，分别是嘉绒藏族、工布藏族、华锐藏族、白马藏族。

成书于8世纪的医学巨著《四部医典》是古代藏族人民智慧的结晶。藏医药学将病理概括为"龙""赤巴"与"培根"。诊断包括望、问、切，将疾病分为寒症和热症。藏药约一千余种，常用的有三百多种，多采用成药。藏药现今已经被大多数人认可，并得到广泛应用。

独特的雪域高原孕育了绚丽多彩的藏文化。在众多的神圣建筑中布达拉宫可谓是首屈一指。

布达拉宫又称布达拉，或译成"普陀"，梵语译为"佛教圣地"。这座宏伟的建筑主楼有十三层，高一百一十米，东西长三百六十米，全部是木石结构，举世罕见。神圣的布达拉宫已成为不可多得的，著名的游览胜地。

塔尔寺：在青海湟中县，是藏传佛教格鲁派六大寺院之一。是宗喀巴的诞生地，因此于明代嘉庆三十九年 0560 年) 为纪念黄教始祖宗喀巴而建。这座宏大的建筑群是先建塔，后扩建成寺院的。寺内又有大金瓦殿和小金瓦殿。

藏族传统音乐特色鲜明、品种多样，包括民间音乐、宗教音乐、宫廷音乐三大类。民间音乐可分为民歌、歌舞音乐、说唱音乐、戏曲音乐、器乐等五类。卫藏、康巴、安多三大方言区的民间音乐在风格上有明显的差别，乐种亦不尽相同。宗教音乐包括诵经音乐、宗教仪式乐舞羌姆、寺院器乐；宫廷乐舞嘎尔只传于拉萨布达拉宫及日喀则扎什伦布寺。民间音乐在传统音乐中居主要地位。央移谱民歌包括山歌（牧歌）、劳动歌、爱情歌、风俗歌、颂经调等。

藏族文学历史悠久，作品丰富，民族风格鲜明，文学语言精湛，足以让世人惊叹。它在世界文学宝库中也占有重要的地位。《格萨尔王传》《米拉日巴道歌》《萨迦格言》《仓央嘉措情歌》都很具有代表性。

酥油花：酥油花是塔尔寺的三绝之一。

唐卡：唐卡是用纸或布作底，用彩缎装裱而成的彩色卷轴画。唐卡的题材和内容十分丰富，多数以宗数活动为主题，同时也反映藏族人民的历史和民族风情。

壁画：西藏壁画艺术有着悠久的历史。早在二千一百多年前就开始萌芽。西藏壁画艺术构图严谨、丰满，布局疏密有致，层次丰富，活泼多变。西藏壁画艺术为我们研究西藏社会的发展提供了文字记载所无法代替的形象的历史资料，是中国文化宝库中一笔珍贵的遗产。

五十六、壮族

壮族是岭南的古老民族，有着光荣悠久的历史和灿烂辉煌的文化。今天壮族传承的古代文化，在很多方面是西瓯、骆越人创造的。骆越方国创造的稻作文化、大石铲文化、龙母文化、青铜文化、青铜文化中的铜鼓文化、花山文化等等，是中华民族宝贵的文化遗产。骆越人和苍梧人、西瓯人一起，在我国最先发明了水稻人工栽培法，为中华民族也为全人类作出了巨大贡献。

富饶的壮乡风景奇丽，物产丰富。壮族地区石灰岩分布很广，是世界有名的岩溶地区，石山拔地而起，石山里有岩洞和地下河。这种地形构成了"桂林山水甲天下，阳朔山水甲桂林"的名胜景色。壮乡还素有"水果之乡"的美称。壮族地区不仅果品丰富，森林面积也很广，盛产柳州杉、银杉、樟木等名贵木材。沿海地区则盛产各种名贵海产，尤以南珠闻名。至于驰名中外的三七、蛤蚧、茴油就更不用说了，是壮族地区久负盛名的特产。

壮族人民的住房，现在已因地而异。干栏的主要特征是上居人下圈畜的楼式建筑，各地干栏式样不尽相同。

壮族人认为餐桌上有酒才显得隆重。壮族人喝的酒是自家酿制的米酒、红薯酒和木薯酒，度数都不太高，其中米酒是过节和待客的主要饮料。

壮族人认为野味是美味佳肴、珍品，因此喜爱猎食烹调野味。"包生饭"是许多壮族地区人们过三月三、四月八等节日吃的食品。

　　糍粑、粽子、油堆（或沙堆）也是许多地区的壮族人民喜爱的食品。这些食品多在过年过节时做。此外，壮族的特色菜和小吃还有辣血旺、火把肉、壮家烧鸭、盐风肝、脆熘蜂儿、五香豆虫、油炸沙虫、皮肝糁、子姜野兔肉、白炒三七花田鸡、马脚杆、花糯米饭、壮家酥鸡等等。

　　壮族的春节从大年三十至正月初一、初二，共三天，但初四至初五仍算春节期间。它是一年中最隆重的节日。

　　年三十晚家家都要守岁，直到半夜鸡叫，燃放鞭炮，除旧迎新。过去，有的地方把放鞭炮谓之"招牛魂"（壮语叫"欧魂怀"），意思是老黄牛的魂魄尚散落在田野，把牛魂招回来，新的一年开始，老黄牛又该辛辛苦苦地为主人家效力了。

　　在广西壮族聚居的地方，每年都举行一次有名的体育盛会——陀螺节。时间是由旧历年除夕前两三天至新年正月十六日，历时半个多月。

　　陇端节，是云南省文山壮族苗族自治州富宁县以及附近的壮族人民的一个传统节日。"陇端"（壮语，赶田坝之意），是壮语译音，意为到宽阔平坦的地方去相聚，相传这个节日已有七百多年的历史。

　　吃立节，是广西壮族自治区龙州县、凭祥市一带壮族人民特有的节日。"吃立"壮语意为"欢庆"。壮族人民素有欢度春节的传统。节日期间，人们舞狮子、耍龙灯、唱歌跳舞，热闹非凡。

　　壮族是一个具有悠久历史和灿烂文化的民族，在长期的历史发展中形成了极富本民族特色的文化艺术。

　　花山文化是骆越人创造的闻名世界的艺术画廊，主要分布于左江及其支流明江沿岸，绵延二百多公里，另有 5 处分布于左江流域的凭祥市、天等县等处。共有 84 个地点，183 处，287 画组。宁明花山画面高四十多米，宽一百七十多米，堪称世界之最。

壮歌种类很多，按内容分，有苦歌、情歌、盘歌、风俗歌、节令歌、童谣等。情歌是壮歌中数量最多，艺术性较高的一类民歌，如《壮女相思曲》，几乎可以与《金缕衣》一诗相媲美。

壮族铸造和使用铜鼓已有两千多年的历史。迄今，在壮族地区的绝大多数县份已发掘出不同时期的铜鼓。铜鼓的类型很多，大小不一。鼓面圆平，鼓身中空无底，装饰着各种图案花纹。在历史上，铜鼓既是乐器，也是权力和财富的象征。从冶炼技术和造型技术来看，在广西田东县锅盖岭出土的属于战国时期的铜鼓，在广西贵县、西林县出土的属西汉时期的铜鼓，均已达到相当高的水平。